Schriften des Vereins für Sozialpolitik.

Deutsche Zahlungsbilanz und Stabilisierungsfrage.

Im Auftrage des Vereins
veranstaltet von
Karl Diehl und Felix Somary.

165. Band.

Geschichte der Stabilisierungsversuche.

Herausgegeben von Melchior Palyi.

Dritter Teil.

Das Papiergeld der französischen Revolution 1789—1797.

Verlag von Duncker & Humblot.
München und Leipzig 1924.

Das Papiergeld der französischen Revolution 1789—1797.

Von

S. A. Falkner,
Professor der Politischen Ökonomie an der Universität Moskau.

Aus dem Russischen übertragen von Friedrich Schlömer.

Mit zwei Textabbildungen.

Verlag von Duncker & Humblot.
München und Leipzig 1924.

Alle Rechte vorbehalten.

Altenburg
Pierersche Hofbuchdruckerei
Stephan Geibel & Co.

Vorwort.

Die vorliegende Skizze ist teils eine gekürzte Wiedergabe, teils ein Auszug aus einer größeren Studie, welche der Verfasser 1919 in russischer Sprache veröffentlicht hat [1].

Im Rahmen der Enquete des „Vereins für Sozialpolitik" konnte für unser Thema nur ein äußerst beschränkter Raum zur Verfügung gestellt werden, daher war auf alle ins einzelne gehenden Angaben und Anmerkungen über die Literatur und die Quellen (für welche der Leser auf das am Ende beigefügte Verzeichnis zu verweisen ist) und auf jede Polemik und alle Hinweise auf manche faktischen und analytischen Fehler zu verzichten, die sich in der modernen Literatur vorfinden.

Zwei Vertretern der deutschen Wirtschaftswissenschaft bin ich zu innigstem Dank verpflichtet: meinem hochverehrten Lehrer Herrn Prof. Dr. Walter Lotz (München), auf dessen Initiative die deutsche Übersetzung dieser Studie und deren Annahme in die Valutaenquete des „Vereins für Sozialpolitik" erfolgt, und Herrn Privatdozent Dr. Melchior Palyi (Berlin), der nicht nur die allseitige Unterstützung bei der Ausführung der Übersetzung leistete, sondern auch die mühevolle Aufgabe der Redaktion der Übersetzung freundlich übernommen hatte.

---

[1] S. A. Falkner, Das Papiergeld der französischen Revolution 1789—1797. (Russisch.) XIX und 328 Seiten. Moskau 1919.

Inhaltsverzeichnis.

Seite

Vorwort V

Einleitung: Das Wesen der Emissionswirtschaft 3

Erstes Kapitel: Die Entstehung der Assignaten und ihre Verwandlung aus Schuldverschreibungen in Papiergeld 13

Zweites Kapitel: Die Entwertung der Assignaten, ihre Verlauf und ihre Ursachen 33

Drittes Kapitel: Das Ende des Papiergeldes 60

Viertes Kapitel: Die kreditwirtschaftlichen Folgen und die finanziellen Ergebnisse der Emissionen 92

Literatur 117

Das Papiergeld der französischen Revolution 1789—1797.

Von

S. A. Falkner,

Professor der Politischen Ökonomie an der Universität Moskau.

Einleitung.
Das Wesen der Emissionswirtschaft.

Will man den Erfahrungsstoff der Finanzgeschichte der letzten Jahrhunderte systematisieren, so kann man von einigen einfachen Elementen ausgehen. Aus den verschiedenen Verbindungen und Kreuzungen derselben ergeben sich dann die geschichtlich bestimmten Finanzsysteme. Einige davon erlangen typologische Bedeutung und werden zum finanzwirtschaftlichen Ausdruck ganzer Zeiträume: sie lösen einander nur ab, wenn die Grundformen der wirtschaftlichen Entwicklung wechseln. Andere treten praktisch nur wenig hervor und stellen nur vorübergehende Abweichungen von dem normalen Typ der finanziellen Entwicklung dar, büßen jedoch dadurch ihre theoretische Eigenart nicht ein.

Materiell stehen zwei Prinzipien der Finanzierung des Staates einander gegenüber:

a) Der Staat erhält einen Teil der Produkte, welche die von ihm umfaßten individuellen (privatwirtschaftlichen) Zellen herstellen, oder

b) der Staat stellt die Produkte, deren er bedarf, selbst auf eigene Rechnung her.

Je nach der Form der ökonomischen Beziehungen kann die Finanzierung sein:

a) naturalwirtschaftlich oder
b) geldwirtschaftlich.

Die Geschichte kennt alle möglichen Verbindungen dieser materialen und formalen Prinzipien. So bildet die Abgabe eines Teiles der von jeder Einzelwirtschaft hergestellten Produkte an den Staat in natura eines der frühesten Finanzsysteme des Feudalismus.

Das Wesen des kapitalistischen Steuersystems besteht darin, daß der Staat einen Teil der Geldmittel, die sich im Verkehr und im Besitz der einzelnen Privatwirtschaften befinden, nimmt, um damit die von ihm zu erwerbenden Dienste und Güter zu bezahlen.

Die Finanzierung eines entwickelten sozialistischen Staates ist nur in der Form denkbar, daß ein Teil der vom staatlichen Wirtschaftsapparat für die Allgemeinheit hergestellten Güter ausgesondert wird und die Bedürfnisse des Funktionärapparates im engen Sinne befriedigt.

In diesen Fällen entnimmt der Staat entweder Waren oder Geld aus Privatbesitz oder stellt die Güter, deren er bedarf, selbst her.

Logisch ist noch eine vierte Verbindung möglich: der Staat stellt Geld her und kauft damit Produkte der Privatwirtschaften.

Die theoretische Literatur enthält beinahe keinen einzigen Hinweis auf die Möglichkeit eines solchen Finanzsystems. Die Anwendung dieser Finanzierungsmethode hat sich meist auf verhältnismäßig kurze Zeiträume beschränkt, die von mancherlei sonstigen politischen und ökonomischen „Anomalien" erfüllt waren; ferner veranlaßten ihre unheilvollen Folgen für die Volkswirtschaft die Nationalökonomen, allerlei **praktische** Postulate in den Vordergrund zu stellen, und diese, mochten sie richtig oder falsch sein, überdeckten das **theoretische** Problem und verhinderten weitgehend eine objektive Analyse.

Indessen ist die theoretische Idee, welche diesem System zugrunde liegt, an sich vollkommen klar: Man vergrößert die Menge der umlaufenden Geldeinheiten, ohne entsprechende Mengen realer, unmittelbar bestimmter Werte in den Verkehr zu bringen. **Die Differenz zwischen der früheren und der neuen Menge von Zirkulationszeichen (und letzten Endes der dieser Differenz entsprechende Teil der Warenmasse) bildet die Einnahme des Staates.**

Die Versuche, diese Idee zu verwirklichen, sind viel umfassender und andauernder, als man gewöhnlich denkt. Die Ausnutzung des Geldwesens durch die Emission ist auch durchaus nicht eine ganz neue Erfindung. Wer das meint, sieht nur eine der konkreten Formen der Emissionspolitik: die Ausgabe von Papiergeld, und hält diese Form für die einzige. Das Papiergeld ist allerdings erst zweihundert Jahre alt. Aber schon vorher hat man viele Jahrhunderte lang Emissionspolitik getrieben — nur in einer andern Form.

Dies geschah durch Umprägung der Metallmünzen unter Verminderung ihres Edelmetallgehaltes und unter Beibehaltung des vorherigen Nennwertes und der alten Zahlkraft.

Das Altertum wandte sie in so großem Maßstabe an, daß es in der Zeit der Kaiser Diokletian und Zenon gezwungen war, als Korrelat den

Versuch einer universalen Preisfestsetzung anzustellen [1]. Aber die Münzverschlechterung ist schon lange vorher etwas so Gewöhnliches, daß wir bei Aristophanes eine recht genaue Formulierung des sog. Greshamschen Gesetzes finden: „Die Münzen sind wie die Menschen auch: die schlechteren verdrängen die besseren."

Das Mittelalter und der Anfang der Neuzeit mit ihrer Zersplitterung der Territorien unter eine Vielheit von Landesherren, deren Herrlichkeit es stets an Unterhaltsmitteln fehlte, sind voll von Klagen über die Münzverschlechterung und die aus ihr folgende ökonomische Desorganisation.

Die erste nationalökonomische Polemik entbrannte über die volkswirtschaftlichen Folgen einer Vergrößerung der Geldmenge durch Umprägung des umlaufenden Münzgeldes in eine größere Zahl von Einheiten [2]. In den damals von beiden Parteien vorgebrachten Argumenten erkennt man unschwer die Ideen und Thesen, die viel später John Law, die Verteidiger und Gegner der Assignaten der großen französischen Revolution und die Finanz- und Geldliteratur des Weltkrieges entwickelt haben.

Vom 16. bis zum 18. Jahrhundert ist kaum ein ökonomisches Werk zu finden, das nicht irgendwie die Frage der Münzverschlechterung berührt. England, Frankreich und Deutschland wetteifern in dieser Hinsicht miteinander. Aber allen voran schreitet unstreitig Italien. Hier stehen die Mißstände im Geldwesen im Vordergrund des ökonomischen Interesses, von ihnen geht jede ökonomische Analyse aus. Der Titel „Lezione della moneta" ist für das nationalökonomische Buch in Italien ebenso üblich, wie in England die Bezeichnung „Discourse of trade".

Im Papiergelde, dessen Idee im Hirn der englischen Theoretiker am Ende des 17. Jahrhunderts reifte, gewinnt also die Idee der Emissionsfinanzen schon ihre zweite historische Gestaltung. Dazu mußte erst das Kreditwesen so entwickelt sein, daß man Tauschgeschäfte abschließen konnte, auch ohne jedesmal ein Äquivalent hinzugeben, das nicht nur als Geld dient, sondern darüber hinaus noch einen Warenwert besaß und noch andere Verwendungen zuließ. Allerdings begegnen wir schon

---

[1] S. u. a. die Arbeiten Pöhlmanns, Eduard Meyers und Karl Büchers.
[2] „Die drei Flugschriften über den Münzenstreit der sächsischen Albertiner und Ernestiner um 1530". Herausgegeben von W. Lotz. „Sammlung älterer und neuerer staatswissenschaftlicher Schriften." Nr. 2. Leipzig 1893.

früher einem Ledergeld¹. Dabei handelt es sich aber um Ausnahmeverhältnisse: Krieg und isolierte kleine Gebiete.

Sieht man von solchen ganz vorübergehenden, zufälligen Erfindungen ab, so benutzt die Geschichte des Papiergeldes anfangs die üblichste und stabilste Art des Kredites: den Privatkredit; erst allmählich verschiebt sie den Papiergeldumlauf auf die Grundlage des Staatskredites, der in frühen Zeiten wenig Zutrauen einflößt.

Nach der Art, wie das Papiergeld in den Umlauf gebracht wird, kann man drei Formen unterscheiden. Nacheinander treten auf die Form des privaten Bankkredites, des staatlichen Bankkredites und des staatlichen Organisationskredites. Diese Formen ändern aber nichts an dem ökonomischen Wesen des Papiergeldes, das sich vor allem in dem Prinzip des Annahmezwanges äußert.

Dem Anfang des 18. Jahrhunderts gehört der erste Versuch einer praktischen Anwendung des Papiergeldes, das System John Laws, an; am Ende des Jahrhunderts nützen schon mehrere Staaten die Idee in verschiedenen Formen aus: die Vereinigten Staaten von Amerika in der Zeit des Befreiungskrieges, Österreich, Rußland, Frankreich in der großen Revolution, England in den uneinlöslichen Noten der Bank.

Im 19. Jahrhundert schließlich wird das Papiergeld ganz zur herkömmlichen Methode der Finanzierung der Kriegswirtschaft; in Ländern mit schwacher finanziell-ökonomischer Organisation (Österreich und Rußland) wird seine Zirkulation fast permanent.

Je schwächer die finanzielle Organisation des Landes (oder, wie im Falle der Kriegswirtschaft, je größer der finanzielle Bedarf im Verhältnis zu den vorhandenen Hilfsquellen) ist, um so stärker wird die Papiergeldausgabe in Anspruch genommen.

---

[1] Jean Bodin, „Réponse au paradoxe de Malestroit". 1567. S. 14 der deutschen Ausgabe von 1624: „Des Herrn Johan Bodin Antwort-Schreiben auf das Paradoxum oder den eigensinnigen Discurs des Herrn von Malestroit belangend die Verteuerung aller Dinge und das Mittel selbiger zu begegnen." Gedruckt zu Hamburg 1624. — Vgl. darüber auch die englische anonyme (W. Stafford, neuerdings jedoch John Hales zugeschriebene) Schrift von 1580, in der deutschen Übersetzung: W. Stafford, „Drei Gespräche über die in der Bevölkerung verbreiteten Klagen". Herausgegeben von L. Leser, Leipzig 1895, S. 118; ferner Du Haillon, „Discours sur les causes de l'extrême cherté qui est aujourd'hui en France" etc. Paris 1574 (anonym erschienen). Ich zitiere nach dem Abdruck in der historischen Sammlung E. Fourniers, „Variétés historiques et littéraires". Paris 1857. Tome VII, S. 157 ff.

Dieser Parallelismus muß uns schon auf den Gedanken bringen, daß diese Finanzierungsmethode die stärkste und wirksamste ist, über die der Kapitalismus verfügt.

In dieser finanziellen Aufgabe der Papiergeldemission, dem Staat einen Teil der Güter aus dem Warenverkehr und dem Privatbesitz zuzuführen, liegt die Analogie zur Besteuerung. Aber die Papiergeldemission ist keineswegs einfach eine Art der Besteuerung, wie man das heutzutage hie und da zu sagen pflegt, sondern hat alle Züge eines eigenartigen und innerlich geschlossenen Finanzsystems, das in seinem theoretischen Wesen allen anderen Systemen gegenübergestellt werden kann und muß.

Die praktische Wertung muß auf der Erfassung seiner volkswirtschaftlichen Wirkungen ruhen. Aber ob ihm innere Selbständigkeit zuzuerkennen ist, das hängt ganz von seiner inneren Analyse ab.

Oben haben wir apriorisch durch Kombination der Finanzierungsprinzipien abgeleitet, daß es ein „System der Geldproduktion" geben kann. Weiter haben wir darauf hingewiesen, daß die Papiergeldemission bloß eine der Formen darstellt, in denen dies System konkret verwirklicht werden kann. Jetzt konstatieren wir, daß sie die „reinste" Form ist, die, welche den Grundgedanken dieser Finanzierungsmethode restlos verwirklicht.

Diese Idee steht der des Steuersystems als ihrer Antithese gegenüber. Der Staat kann seinen Bedarf decken, entweder, indem er schon umlaufende Geldzeichen zwangsweise aus dem Verkehr zieht (Steuersystem), oder aber, indem er neue, willkürlich von ihm geschaffene Geldzeichen zwangsweise in den Verkehr bringt (Emissionssystem).

Im ersten Falle bleibt die Kaufkraft jeder Geldeinheit stabil, unverändert, und nur die Menge der Geldeinheiten, die sich im Privatbesitz befinden, verringert sich; im zweiten Falle ändert sich die Menge der im Privatbesitz befindlichen Geldzeichen vorläufig nicht, aber ihre Kaufkraft wird künstlich durch die neu geschaffene Kaufkraft der neuen Geldeinheiten herabgesetzt.

Und weiter: unter sonst gleichen Bedingungen zeigt die durchschnittliche Entwertung der Geldeinheit nur an, welchen Teil der Warenwerte der Staat mit Hilfe der Emission einzieht.

Eine Anzahl von spezifischen Gesetzmäßigkeiten der Finanzierung durch Papiergeldemission kann schon auf dieser Grundlage fest=

gestellt werden; damit ihm aber volle theoretische Selbständigkeit zuerkannt werden kann, ist noch etwas anderes erforderlich.

Wie lange kann das System funktionieren, ohne durch einen anderen finanziellen Mechanismus gestützt und ersetzt zu werden und ohne eine innere Zersetzung und Zusammenbruch zu erleiden? Eben weil man nicht an die Möglichkeit einer dauernden Selbsterhaltung des Systems glaubte, haben fast alle Theoretiker der Ökonomik und Finanzwissenschaft es nur für eine zufällige Anomalie in der allgemeinen Finanzentwicklung gehalten und pflegten seinen schnellen unvermeidlichen Zusammenbruch vorauszusagen.

Dabei glaubten die einen als spezifische Tendenz feststellen zu können, daß der Prozeß der Entwertung um so schneller verläuft, je größer die ausgegebene Papiergeldmenge absolut ist und je weniger die Geldeinheit von dem früheren Wert bewahrt, so daß der Zusammenbruch unvermeidlich schneller heranrückt als die Emission zunimmt.

Andere wiesen darauf hin, daß, falls die Geldmenge unaufhörlich wächst, der Warenverkehr aber unverändert bleibt oder gar zurückgeht, der Zusammenbruch des Geldsystems in Gestalt einer vollständigen Entwertung der Geldeinheit über kurz oder lang doch nicht zu vermeiden ist. Man entwarf sogar Bilder von einem vollständigen Ersterben des Warenverkehrs: das unentbehrliche Medium und Werkzeug des Verkehrs zwischen den Einzelwirtschaften ist vernichtet, alle ökonomischen Bande zwischen den zahllosen wirtschaftenden Zellen des volkswirtschaftlichen Organismus sind zerrissen.

Endlich gab es Schriftsteller, die sogar eine bestimmte Grenze des Anwachsens der Geldmenge angeben wollten, nach deren Überschreitung die letztere sich nicht in irgendeinem Verhältnis zu ihrem weiteren Anwachsen, sondern vollständig und in sehr kurzer Frist entwertet.

Dabei berief man sich nicht selten auf das Schicksal des Papiergeldes der großen französischen Revolution, dessen Wert plötzlich scharf abgestürzt sei. In der vorliegenden Arbeit werden wir sehen, was in Wirklichkeit den Zusammenbruch der französischen Assignaten verursacht hat; einstweilen konstatieren wir, daß er ganz und gar durch die Einwirkung äußerer Faktoren und keineswegs durch eine Tendenz innerer Zersetzung bedingt gewesen ist.

Und auch wenn wir die ökonomische Logik der Frage analysieren, müssen wir konstatieren, daß ein Geldsystem durch eine Weigerung der

Bevölkerung, sich der entwerteten Geldzeichen zu bedienen, in drei Fällen und nur in drei Fällen zusammenbrechen kann:

1. falls jeder Warenaustausch, bei dem die betreffenden Geldzeichen als Hilfsmittel dienen, verweigert wird,

2. falls der Übergang vom durch Geld vermittelten Warenverkehr zum naturalen vollzogen wird, und

3. falls die betreffenden Geldzeichen durch irgendwelche anderen Zirkulationsmittel ersetzt werden, falls also das betreffende Geldsystem ökonomisch durch ein anderes, das legaler- oder illegalerweise die Erfüllung der Zirkulationsfunktionen übernimmt, verdrängt wird.

Von den ersten beiden Fällen wird man in der Gegenwart ernsthaft nicht sprechen, wenn man nicht das wichtigste: die ganze unendliche Verwickeltheit und Verflochtenheit der Beziehungen und Verbindungen zwischen den einzelnen Zellen des modernen volkswirtschaftlichen Organismus übersieht.

Real ist nur der dritte Fall: die Bevölkerung wendet sich beim Warenaustausch anderen Zirkulationsmitteln zu, die mit den Zetteln konkurrieren und sie siegreich aus dem Umlauf verdrängen.

Wenn es aber im Umlauf keine besseren Zirkulationsmittel gibt, die zur Vermittlung des Warenverkehrs benutzt werden könnten, ist heutzutage ein „vollständiger Zusammenbruch" des Papiergeldsystems unmöglich; denn er würde für die Bevölkerung entweder den freiwilligen Verzicht auf jeden Austausch oder den Übergang zum Naturaltausch bedeuten.

Zu dieser Schlußfolgerung muß die theoretische Analyse der Frage führen.

Und wenn so die Logik der inneren Entwicklung des Systems nicht zum Zusammenbruch seiner geldlichen Grundlage führt, wenn es also unter Erfüllung äußerer Bedingungen in unbestimmter Dauer angewandt werden kann, so ist die Frage, ob es eine wünschenswerte Struktur des Finanzapparates darstelle, nach dem Gesichtspunkt der relativen Zweckmäßigkeit zu entscheiden.

Sie verwandelt sich in die Frage: **Wie beinflußt die Emission die wirtschaftliche Entwicklung und die sozialen Beziehungen?**

Ein andauernder Strom neuen Geldes verändert von Grund aus alle Seiten des volkswirtschaftlichen Lebens und des sozialen Kampfes.

Der Rahmen der gewöhnlichen Geldwirtschaft bietet für viele Gesetzmäßigkeiten, welcher dieser Abart eigen sind, keinen Raum.

Die Verhältnisse ihrer Entwicklung erfordern einen neuen eigenartigen Begriff des Systems der Emissionswirtschaft, als des Inbegriffes aller dieser spezifischen Gesetzmäßigkeiten und Neubildungen.

Um die Eigenart des ökonomischen Inhalts dieses Systems zu erkennen, können wir uns hier darauf beschränken, seine charakteristischesten Tendenzen anzudeuten: eine Veränderung aller Geldwerte, eine wesentliche soziale und sachliche Umlagerung der Nachfrage, eine Neuverteilung des Volkseinkommens und des Volksvermögens, Änderung des Finanz- und Geldsystems, Änderung oder Zerstörung des Kreditwesens, eigenartige Bildungen auf dem Gebiete der gewerblichen Konjunktur, Verschärfung des sozialen Kampfes und Entstehung neuer Gruppierungen, zwangsläufige Änderung der Wirtschaftspolitik, Umwälzung in dem Mechanismus der Warenverteilung und weiterhin des Produktionsapparates usw.

Der Versuch der Emissionswirtschaft der französischen Revolution liefert ein überaus reiches Material zur Erforschung aller gesetzmäßigen Tendenzen, die aus dem Umbau des Finanzapparates zu einem „System der Geldschöpfung" erwuchsen.

Er ist für uns besonders interessant, nicht nur wegen seiner großartigen Reichweite, sondern auch wegen seiner neunjährigen Dauer, die es erlaubt, alle seine mannigfaltigen Entwicklungsstadien einzeln zu studieren.

Die weniger scharf ausgeprägten Papiergeldsysteme des 19. Jahrhunderts haben zwar eine noch viel längere Dauer aufzuweisen; aber ihre Analyse wird dadurch behindert, daß alle anderen in Wechselwirkung miteinander stehenden Elemente des volkswirtschaftlichen Lebens nicht relativ stationär waren, es also keine natürliche Isolierung des zu untersuchenden Faktors gibt.

Allerdings fehlt es in der Geschichte der Emissionswirtschaft der französischen Revolution nicht an Komplikationen; denn wir haben es hier nicht mit dem normal funktionierenden Organismus einer Friedensvolkswirtschaft zu tun, sondern mit der Zeit der Unwetter und Stürme einer großen Revolution, mit einem Lande, das innere und äußere Kriege führt, die seine Wirtschaft erschöpfen und es zeitweilig vom wirtschaftlichen Verkehr mit dem übrigen Europa isolieren.

Immerhin fehlt hier das Grundelement der ökonomischen Entwicklung, die Änderung der Produktionsmethoden und der wirtschaftlichen Struktur des Landes. Die äußere Isolierung der Wirtschaft begünstigt sogar die Fruchtbarkeit der theoretischen Analyse; denn es schaltet mehrere komplizierende Momente (den Druck des Außenwertes der Valuta auf ihren Binnenwert) aus, welche die Erforschung der inneren Gesetzmäßigkeit sehr erschweren würden.

Andererseits bestimmen die innere Folgerichtigkeit und die Reinheit, mit der die Emission als Finanzierungsmethode durchgeführt wurde, die Fülle ihrer volkswirtschaftlichen Folgen. Das Steuersystem wurde hier ziemlich schnell verdrängt, die Schuldverhältnisse des Staates wurden schnell liquidiert. Und ebenso schnell verwandelten sich die französischen Assignaten aus harmlosen Schuldverschreibungen in das Hauptmittel, welches das Funktionieren des staatlichen Organismus ermöglichte, in das Mittel der Deckung nicht nur der außerordentlichen, sondern auch der ordentlichen Staatsausgaben.

Gemäß den allgemeinen Gesetzen der Emissionswirtschaft kamen die ernstesten Reibungen und Brüche vor, aber die Finanzierung der großen Revolution durch das Papiergeld wurde durchgeführt.

Daher jene Hochschätzung, die den Assignaten von den Zeitgenossen zuteil wurde, sogar von denen, die Zeugen des ganzen Verlaufes ihrer Entwicklung und aller durch sie verursachten Nöte gewesen waren.

Diese geschichtliche Rolle der Assignaten formulierte am Vorabend ihrer Liquidation, in der Sitzung des Rates der Alten vom 9. Pluviôse des Jahres V der Republik, Ramel, der sich lebhaft in allen Finanzausschüssen der Gesetzgebenden Versammlungen der Revolution betätigt hatte und Finanzminister des Direktoriums gewesen war. „Die Assignaten haben die Revolution geschaffen," sagte er, „sie haben die Vernichtung der Stände und Privilegien durchgeführt; sie haben den Thron gestürzt und die Republik gegründet; sie haben diese furchtbaren Truppenkolonnen bewaffnet und ausgerüstet, welche die Trikolore über die Alpen und die Pyrenäen getragen haben; sie haben uns unsere Freiheit bezahlt."

Objektiv sind in der Geschichte der französischen Papierwährung überaus wertvolle Forschungen über die schon angedeuteten und noch zu bestimmenden Tendenzen der Emissionsfinanzsysteme und der

Emissionswirtschaft möglich. Wieweit aber haben die Zeitgenossen die wesentlichen Erscheinungen registriert? Wieweit sind uns diese Angaben erhalten geblieben? Und wieweit sind die Quellen zu deskriptiven, systematischen Übersichten zusammengestellt?

Die beiden ersten Bedingungen gelten für jede historische Arbeit, die dritte für eine im eigentlichen Sinne theoretische.

Hinsichtlich unseres Themas sind leider alle diese drei Bedingungen nur unvollständig erfüllt.

Vor allem haben die Zeitgenossen sehr viele für die Erfassung der Entwicklung des Systems im ganzen überaus wesentliche Daten nicht in genauen Zahlen aufgezeichnet; dahin gehören z. B. die wichtigsten Angaben über die Entwertung der Papiergeldeinheit: die über das Steigen der Warenpreise.

Zweitens sind viele Quellen zerstört, denn in den Pariser Archiven haben oft Feuersbrünste gewütet.

Und drittens läßt die deskriptive Zusammenfassung und Bearbeitung der primären Quellen sehr viel zu wünschen übrig.

Viele Fragen der Rechts-, Zirkulations- und Sozialgeschichte der Assignaten sind heute noch gänzlich ungeklärt oder höchst zweifelhaft. Sogar die allgemeinen Skizzen der Geschichte der Assignaten sind sehr wenig zahlreich und überaus kurz. Dahin gehören die Arbeiten Courtois', Bornarels, R. Stourms, Gornels, Levasseurs, Ehebergs und Illigs.

Dazu kommen außer den allgemeinen Geschichten der Revolution noch einige Arbeiten, die einzelne Seiten der Geschichte der Assignaten berühren, die Arbeiten Buhrers, Boiteaus, Scheels, Leroys, de Wahas, Berrys, Fochons, Tarles und einiger anderer.

Das ist die ganze Spezialliteratur.

Im letzten Jahrzehnt hat das französische Unterrichtsministerium Nachforschungen unternommen, die von einer besonderen Kommission für die Wirtschaftsgeschichte der Revolution unter dem Vorsitz Jaurès („Commission de recherches et de publication de documents relatifs à la vie économique de la Révolution") geleitet werden, aber sie bezogen sich einstweilen auf den Inhalt der Wahlinstruktionen und den Verkauf der nationalisierten Ländereien. Nur die wenigen Veröffentlichungen von Quellen zum Ernährungswesen werfen auch auf die Sozialgeschichte des Assignaten ein unerwartetes Licht.

Bei der Arbeit, die der hier vorliegenden Skizze zugrunde liegt und die anfänglich eine systematische Übersicht über die tatsächliche Ent=

wicklung der Assignaten als Material zu theoretischen Verallgemeinerungen über das Wesen der Papiergeldsysteme geben wollte, mußte deshalb auf erste Quellen verschiedener Art zurückgegangen werden. Dies waren zehn Jahrgänge des amtlichen Organs der Gesetzgebenden Versammlungen der Revolution, „Gazette Nationale ou Moniteur Universel", Sammlungen der Gesetze der Revolution wie die Duvergiers u. a., einige alte Sammelbände und Quellen, die der Verfasser in der öffentlichen Bibliothek zu Petersburg, im Rumjanzew-Museum zu Moskau sowie in den Universitätsbibliotheken und anderen Büchereien der russischen Hauptstädte gefunden hat.

Immerhin konnten nur einige wesentliche Momente und Tendenzen in der Entwicklung der Emissionswirtschaft aufgeklärt werden. Deren weitere Erforschung kann nur durchgeführt werden, wenn die Arbeit in die Tiefen der französischen Archive verlegt oder auf die vielleicht noch reicheren Quellen ausgedehnt wird, die für die allgemeine Wirtschaftsgeschichte und die Geschichte des Weltkrieges und der Nachkriegszeit vorliegen, insbesondere für die Geschichte des Geldwesens der russischen, deutschen, österreichischen und anderer Revolutionen, wo die Papiergeldemission ihre maximale Entwicklung erreicht hat.

Erstes Kapitel.
Die Entstehung der Assignaten und ihre Verwandlung aus Schuldverschreibungen in Papiergeld.

1. Vor die Aufgabe gestellt, in einer sehr kurzen Skizze die Entwicklung des Geld- und Finanzsystems der französischen Revolution in den Grundzügen klarzulegen, also die wichtigsten ursächlichen Zusammenhänge in der Geschichte der französischen Assignaten festzustellen, können wir den konkreten Verhältnissen und Erscheinungen jener Zeit offenbar nicht viel Aufmerksamkeit schenken. Diese müssen als schon bekannt vorausgesetzt werden. Sogar in der Geschichte der Finanzen und des Geldwesens der Revolution können wir die wesentlichen Ereignisse und ihre konkreten Voraussetzungen nur flüchtig erwähnen, auf alle ihre Einzelheiten müssen wir verzichten, um das theoretische Wesen und die prinzipiell wichtigen Entwicklungstendenzen formulieren zu können.

Die wichtigsten Tatsachen aus der Vorgeschichte der Assignaten sind die ungeheure Verschuldung Frankreichs am Vorabend der Revolution und das ständige Auftreten von Fehlbeträgen in seinen Budgets.

Schon der „Sonnenkönig" Ludwig XIV. hinterließ seinem Erben eine Staatsschuld von 3400 Mill. Livre.

Eine Reihe von Teilbankrotten in der Zeit der Regentschaft und der grandiose Bankrott, der auf den Versuch einer universalen Wiedergeburt nach der Methode John Laws folgte, verminderten die „vom König anerkannte" Schuld auf 1700 Millionen Livre.

Aber sie fing sehr bald wieder an, sich schnell zu vergrößern. Besonders schnell wuchs sie am Ende des 18. Jahrhunderts: nach den Worten Bouchés, eines Mitgliedes der konstituierenden Nationalversammlung, war in den 14 Jahren der Regierung Ludwigs XVI. von 1774 bis 1788 der Zuwachs des Fehlbetrages größer als in der Zeit von 1380 bis 1774.

Nach detaillierten Berechnungen, die wir auf Grund einer überaus seltenen Lausanner Veröffentlichung aus dem Jahre 1788 angestellt haben, ergaben schon die vorläufigen Voranschläge, wenn von den Einnahmen die Summen, die von den sogenannten provinzialen Kassen zurückgehalten wurden, folgende jährlichen Fehlbeträge.

Tabelle 1.

Jahr	Gesamtbetrag der Einnahmen	Einnahmen der Staatskasse nach Abzug der von den provinzialen Kassen zurückgehaltenen Summen	Ausgaben der Staatskasse	Fehlbetrag	
				absolut	in % der Ausgaben der Staatskasse
	in Tausend Livre				
1774	361 880	196 902	224 720	27 818	12
1776	378 381	215 375	252 568	39 194	15
1781	400 210	236 833	283 162	46 329	16
1783	478 000	289 271	386 465	97 194	25
1787	474 048	237 982	363 070	125 088	34
1788	472 416	213 988	372 446	158 458	43

Dabei ist aber noch zu bedenken, daß diese Zahlen den Voranschlägen entnommen sind, die dem Könige am Anfang jedes Jahres vorgelegt wurden; die wirklichen Fehlbeträge sind noch weit größer.

Daher gibt der Staat bloß seit dem Regierungsantritt Ludwigs XVI. Anleihen in Gestalt konsolidierter Renten im Betrage von 1740 Mill. Livre aus, die nicht konsolidierte, schwebende Schuld ferner übersteigt 600 Mill. Frank.

Man kann die finanzielle Lage Frankreichs am Vorabend der Revolution in großen Zügen wie folgt umreißen. Die Verschuldung beträgt 4½ Milliarden Livre, während der Wert des gesamten jährlichen Volkseinkommens sich auf 2,88 Milliarden stellt. Die Ausgaben des Staates erreichen 600 Millionen Livre jährlich; davon dient ein Drittel bis die Hälfte der Verzinsung alter Schulden, ein weiteres Drittel wird zum Unterhalt des Heeres, der Flotte und des Hofes verwandt. Ein Viertel verwandelt sich in eine neue Schuld.

2. Gerade diese schwierige finanzielle Lage hat bekanntlich den Anlaß zur Berufung der Generalstände gegeben, die sich dann später in die konstituierende Nationalversammlung der Revolution umgewandelt haben. Die Generalstände sollten in erster Linie über finanzielle Probleme beraten und die Regierung bei ihrer Lösung unterstützen. Deshalb lassen jene Instruktionen (cahiers), welche die Wähler den Abgeordneten mitgaben und die einen Plan der von der Bevölkerung als notwendig erkannten Reformen darstellen, den finanziellen Problemen überaus große Beachtung zuteil werden.

Die Instruktionen enthalten Kritiken am herrschenden Finanzsystem und fordern neue Besteuerungsgrundsätze und -methoden sowie Änderungen des Budgetsystems und der Ausgaben. Zur Liquidierung des finanziellen Erbteiles der Vergangenheit, der gewaltigen Staatsschuld, aber fordern sie außer verschiedenen Maßnahmen finanztechnischer Art (Errichtung einer besonderen Schuldentilgungskasse usw.) die Veräußerung der königlichen und kirchlichen Ländereien oder wenigstens die Einziehung ihrer Erträge, die bisher dem Hof oder der Geistlichkeit zugeflossen waren. Darin sehen sie die einzige reale Quelle für die Schuldentilgung.

Im Vergleich mit dem Kirchenland waren die königlichen Ländereien verhältnismäßig klein. Das Kirchenland aber umfaßte in den nördlichen Provinzen fast die Hälfte der gesamten Fläche, in den übrigen etwa ein Sechstel und im ganzen nicht weniger als ein Drittel des ganzen französischen Grundbesitzes.

Als die verfassunggebende Nationalversammlung in die Beratung des Finanzproblems eintrat, stellte sie gleich zu Anfang zwei Grundsätze auf: Einerseits lehnte sie den Gedanken eines möglichen Bankrottes entschieden ab; in der Sitzung vom 17. Juni 1789 erklärte sie, daß alle Gläubiger des Staates unter dem Schutz der Ehre und Treue der französischen Republik stehen[1]. Andererseits lehnte die Verfassunggebende Nationalversammlung durch den Mund des ersten Referenten ihrer Finanzkommission, des Abbé Montesquiou, zur Lösung der Finanzfragen rundweg jedwede „Kombinationen von kleinen fiskalischen Hilfsmitteln und der Agiotage ab". „Diese früher so viel empfohlenen und gepriesenen Talente", sagte er, „werden in unserer Mitte keinen Erfolg haben. Uns tut jetzt ein allumfassender Plan, ein Plan der wirtschaftlichen Wiedergeburt not."

Als ein solcher Plan, die alte Schuld mit einem Male zu liquidieren, erschien, als man zur Beratung über die konkreten Hilfsmittel und Möglichkeiten des Landes überging, natürlich die Veräußerung der königlichen und kirchlichen Ländereien, und das Dekret vom 2. Nov. 1789 sprach denn auch der Nation das Verfügungsrecht über alles Kirchengut zu.

Wie aber konnte man diesen ungefügen Güterkomplex in bares Geld umsetzen, ihn in kleine Münze umwechseln, wie es nötig war, wenn man die vielen Tausende von Gläubigern befriedigen und den dringendsten täglichen Staatsbedarf decken wollte?

Eine Lösung dieses finanziellen oder, wenn man will, nur finanztechnischen Problems bringt ein Vorschlag, der aus einem ganz anderen Ideenkreis heraus vorgebracht wurde, der Vorschlag, neue Wertpapiere auszugeben, die sowohl dem Kredit wie als Geld dienen sollten.

Von einigen Abgeordneten aus der Provinz vorgebracht und widerwillig von Necker, der ein Gegner der Papiergeldausgabe war, unterstützt, fand dieser Gedanke, nachdem von verschiedenen Seiten manche Korrekturen an ihm vorgenommen waren, eine erste Verwirklichung in dem Dekret vom 19./21. Dezember 1789. Die Durchführung dieses Dekretes wurde technisch in beträchtlichem Maß erleichtert dadurch, daß zu jener Zeit neben dem Metallgeld auch schon die sogenannten Diskontkassenscheine (billets de la Caisse d'Escompte) umliefen, die der Staat infolge einer Anzahl von Darlehen, die er heimlich den Fonds der Kasse entnommen hatte, mit Zwangskurs innerhalb Paris hatte aus-

---

[1] In der Sitzung vom 18. Juni 1789 erinnert die Verfassunggebende Nationalversammlung an die schon übernommene Verpflichtung und erklärt, daß „keine Gewalt das Recht hat, das schändliche Wort Bankrott auszusprechen, keine Gewalt darf sich vor dem öffentlichen Gesetz als zahlungsunfähig erweisen, unter welcher Benennung oder in welcher Form immer diese Zahlungsunfähigkeit auch eintreten sollte".

statten müssen. Dieser Zwangskurs hatte aber durch die Rechtsprechung der lokalen Gerichte auch in der Provinz Geltung erlangt.

Obgleich der Gesamtbetrag der umlaufenden Diskontkassenscheine sich im Mai 1789 auf 119,2 Millionen Livre belief, während 2 bis 2,2 Milliarden Hartgeld im Lande vorhanden waren, und obgleich die Stücke auf ziemlich hohe Beträge (das kleinste auf 200 Livre) lauteten, begannen diese Scheine, die sich besonders auf Paris konzentrierten, das Metallgeld aus dem Umlauf zu verdrängen; dieses erzielte ein Agio von 2—5 %.

Deshalb konnte der Abgeordnete La Rochefoucauld bei der Beratung über den Plan, die Assignaten zu schaffen, erklären: „Wir haben nicht die Frage zu entscheiden: Ist erstmalig die Ausgabe von Papiergeld zu gestatten oder nicht?, sondern nur zu erwägen: Kann ein gefährliches Papiergeld (d. h. die Diskontkassenscheine) durch ein anderes, das mehr Vertrauen verdient, ersetzt werden?"

Der finanzielle Sinn des Dekretes vom 19./21. Dezember 1789 war einmal, Mittel zur vorläufigen Befriedigung der Staatsgläubiger zu erhalten, dann aber, vorläufig das Staatsvermögen, das beschlagnahmte Königs- und Kirchenland, zu realisieren und in Teile zu zerlegen. Aber die finanziellen und wirtschaftlichen Verhältnisse der Zeit transformierten die neu geschaffenen Assignaten sehr schnell und entfremdeten sie schließlich der ihnen anfänglich gestellten Aufgabe.

3. Die Geschichte jedes Geldsystems kann in einer Anzahl von parallelen oder einander kreuzenden Schnitten betrachtet werden.

Solcher Schnitte sind wenigstens fünf zu verzeichnen; 1. die finanzielle, 2. die juristische, 3. die zirkulatorische, 4. die wertökonomische und 5. die sozialorganisatorische Geschichte des Geldumlaufes.

Wenn man die ersten drei Aspekte zu einem Ganzen zusammenfaßt und den ganzen ersten Abschnitt der Geschichte der französischen Assignaten einer entsprechenden Analyse unterwirft, so ergibt die Abgrenzung und Zusammenstellung ihrer aufeinanderfolgenden Formen und Etappen ein ganz einheitliches Bild: Ihr Charakter als Papiergeld verstärkt sich, während ihr Kredit- und Hypothekencharakter verblaßt und schwindet.

Unter dem Druck der Finanznöte gibt man allmählich immer mehr Assignaten aus, und ihr Zusammenhang mit der Landdeckung wird immer loser, bis er zuletzt ganz illusorisch wird.

Eben weil man immer größere Maſſen von Aſſignaten in den Umlauf hineinzupumpen genötigt war — und ſehr bald viel mehr, als ihre Beſitzer durchſchnittlich zu akkumulieren vermochten —, konnten die Aſſignaten die Kreditfunktionen nicht erfüllen, welche ſie andererſeits daran hinderten, als Umlaufsmittel zu dienen.

4. **Die finanzielle Geſchichte der Aſſignaten** läßt ſich mit wenig Strichen wie folgt umreißen.

Anfangs als eigenartige Obligationen zur Befriedigung verſchiedener Staatsgläubiger gedacht und in ſehr großen, mit Umlaufsfähigkeit ausgeſtatteten Stücken ausgegeben, beginnen ſie faktiſch ziemlich ſchnell zur Deckung laufender Bedürfniſſe des Staates ausgegeben zu werden und werden für den Staat bald zu einer normalen und ſtändigen Einnahmequelle. Die zuerſt ausgegebenen Beträge wurden zum größten Teile doch zur Begleichung der angeſammelten Schulden aufgewandt, bald aber wird die Deckung des Tagesbedarfes des Staates zu ihrer Hauptbeſtimmung; immer weniger werden zur Begleichung alter Schulden verwandt.

Was die Erträge der Steuern anbelangt, ſo gehen ſie in dieſer Zeit ſyſtematiſch zurück. Das frühere Finanzſyſtem war vom alten Regime bis auf den Grund ausgeſchöpft; auch organiſatoriſch iſt es durch die Revolution zerſtört und hätte in keinem Falle ausgenutzt werden können, weil die Bevölkerung nachdrücklich die Verbeſſerung ihrer Lage fordert[1]. Ein neues Syſtem aber, das hauptſächlich auf der ſteuerlichen Belaſtung der großen Einkommen und Vermögen beruht, iſt teils erſt im Aufbau begriffen, teils aber erzielt es nicht die gewünſchten Ergebniſſe; denn in dieſer Zeit der Verſchiebung aller ſozialen und wirtſchaftlichen Beziehungen, die auch in einer Desorganiſation des Steuerapparates zum Ausdruck kommen muß, entgehen die großen Einkommen am leichteſten der Beſteuerung. Einige finanzielle Maßnahmen der franzöſiſchen Revolution, die hiſtoriſch und theoretiſch ſehr intereſſant ſind, erzielten praktiſch ganz geringe Ergebniſſe.

Dahin gehört die „Patriotiſche Steuer" (Contribution Patriotique), die am 28. September 1789 angenommen wurde. Dieſe ſollte im

---

[1] Schon im erſten Jahre der Revolution, in der Zeit vom 1. Mai 1789 bis zum 1. Mai 1790 gingen die allgemeinen Staatseinnahmen (la taille, la capitation, les vingtièmes etc.) von 160 Mill. Livre auf 28 Mill. Livre zurück. — Necker nennt der Verfaſſunggebenden Nationalverſammlung am 6. Mai 1790 als Fehlbetrag für 1790 294 Mill. Frank.

Laufe von 3 Jahren 500 Mill. Livre einbringen; tatsächlich aber ergab sie im Jahre 1790 anstatt 150 Mill. nur 31 Mill. Livre und im ganzen bis zum 1. Februar 1793 111 648 469 Livre, die großenteils schon entwertet eingingen. Die „patriotischen Gaben", die im Anfang der Revolution der Verfassunggebenden Nationalversammlung zugesandt wurden, ergaben im ganzen 6 Mill. Livre.

Der Ertrag der Zwangsanleihe vom Jahre 1793, die 1 Milliarde Livre ergeben sollte, als das Geld schon um mehr als die Hälfte entwertet war, überstieg tatsächlich nicht 200 Mill., was zu jener Zeit etwa dem Bedarf der Republik für drei Wochen gleichkam. Die Zwangsanleihe von 1795 endlich, die 600 Mill. Livre einbringen sollte, erzielte nur 83½ Millionen.

Andererseits erfaßte die Entwertung, die das Geld infolge der Papiergeldausgabe erfahren mußte, alle laufenden Eingänge aus den Steuern, während die Revolution an sich eine beträchtliche Vermehrung der Ausgaben hervorrief.

In den Jahren 1793—1795 ergeben die Steuern schon ganz unbedeutende Beträge[1], und die Papiergeldausgabe wird im wesentlichen zur einzigen Methode der Deckung des Staatsbedarfes.

Das Steuersystem, das schon zu Anfang der Revolution nicht wirksam genug gewesen und in ihrem Verlaufe durch das Emissionssystem ergänzt worden war, wurde bald durch das letztere verdrängt und fast ganz ersetzt.

Aber das Streben, den Assignaten wenigstens zum Teil ihre anfängliche Bestimmung zu erhalten, war so stark, daß die Verfassunggebende und die Gesetzgebende Nationalversammlung trotz der äußerst schwierigen finanziellen Lage auch weiterhin nicht geringe Beträge auf die Tilgung eines Teiles der alten Schuld verwendeten und dadurch die laufenden Budgets der ersten Jahre der Revolution belasteten. Erst der Ausbruch des Krieges, in dem Frankreich gegen ganz Europa zu kämpfen hatte, veranlaßte den Konvent, am 14. Mai 1793 die formelle Vorschrift zu erlassen, auf die Tilgung der nichtkonsolidierten Schuld nicht mehr als 6 Millionen monatlich zu verwenden und so die Rückzahlung der übrigen Summen zu verschieben.

---

[1] In 5½ Jahren beläuft sich die Emission im ganzen auf 44½ Milliarden Livre; die Gesamtsumme der Steuereinnahmen wird auf 3 Milliarden geschätzt (Belege darüber sind nicht vorhanden), d. h. auf 7% der Einnahmen aus der Papiergeldausgabe.

5. In dem Maße, wie die Assignaten aus eigenartigen Obligationen, die zur vorläufigen Tilgung der Staatsschuld auf Grund des Wertes der Staatsländereien ausgegeben waren, in gewöhnliches Papiergeld, dessen Ausgabe fast den ganzen Staatsbedarf decken mußte, verwandelt wurden, wurde der Zusammenhang zwischen ihnen und der Landdeckung immer schwächer.

Anfangs war dieser Zusammenhang, der im Parlament und von der Regierung immer wieder betont wurde, als ein so enger gedacht, daß wir in dem Dekret vom 8./10. Oktober 1790 lesen: „Da die Assignaten das Grundeigentumsrecht an den Nationalgütern darstellen, so besitzen sie einen so realen und offensichtlichen inneren Wert (valeur intrinsèque), daß sie bei allen Umsätzen mit Gold- und Silbergeld konkurrieren können . . ."

Aber schon in der anfänglichen Gestaltung der Assignaten, nach dem Sinne des Dekretes vom 19./21. Dezember 1789, konnte die endgültige Tilgung der Staatsschuld und die reale Befriedigung der Inhaber von Assignaten auf zweierlei Weise erfolgen: a) durch unmittelbaren Kauf von Ländereien für Assignaten (deshalb nennt das Dekret die Assignaten „billets d'achat de domaines nationaux") und b) durch den Verkauf von Ländereien an kauflustige Nichtassignatenbesitzer und die Tilgung der Assignaten durch auf diese Weise erlangte Mittel.

Demgemäß mußte die Einziehung und die Vernichtung der Assignaten vor sich gehen.

Das Dekret vom 16./17. April 1790 verfügte: „Die Assignaten geben eine Hypothek, ein Privileg und besonderen Rechtsanspruch sowohl auf den Ertrag wie auf den Erlös aus dem Verkauf der angegebenen Ländereien derart, daß ihr Erwerber das Recht erhält, zu verlangen, daß ihm mit gesetzlichen Mitteln bewiesen werde, daß seine Zahlung zur Tilgung einer gleichen Summe von Assignaten dienen werde."

Da es nicht real, sondern bloß proklamatorisch eine Deckung der Assignaten durch den Grundbesitz des Staates gab (das erstere hätte die Möglichkeit der Erwerbung von Ländereien durch andere Mittel als Assignaten ausgeschlossen), mußte ihr Wert ökonomisch gerade auf dieser ihrer obligatorischen Tilgung beruhen. Aber ihre Entwertung (mindestens bis unter eine gewisse Grenze) hätte man auf diesem Wege nur dann abwenden können, wenn man den Nominalwert der Assignaten mit Ländereien von entsprechendem Wert verbunden oder den Preis der Ländereien, in Assignaten ausgedrückt, ein für allemal festgesetzt hätte. Dann hätte die übermäßige Entwertung eine übermäßige Verbilligung der Ländereien bedeutet, was auch der beste Antrieb zur Beschleunigung ihres Verkaufes gewesen wäre; ein beträchtlicher Teil der Assignaten wäre aus dem Umlauf herausgezogen worden und der Wert der übrigen hätte sich erhöht.

Aber der Zusammenhang zwischen den Assignaten und dem Staatsgrundbesitz war in Wirklichkeit auf ganz andere Weise hergestellt worden. Vor dem Verkauf wurden die Ländereien jedesmal einer besonderen Schätzung unterworfen, die nur als Mindestgebot bei ihrer Versteigerung an den Meistbietenden diente. Deshalb mußte mit der Entwertung der Assignaten der für jedes bestimmte Grundstück wirklich gebotene Betrag unaufhörlich steigen. Nicht der Nominalwert der Assignaten, sondern ihr Realwert wurde mit dem Land in Zusammenhang gebracht; dadurch konnte das beschriebene Gleichgewicht nicht in Wirksamkeit treten; der Verkauf der Ländereien richtete sich nach der normalen, von dem Papiergeldumlauf gänzlich unabhängigen Fähigkeit der Bevölkerung, sie durch Kapitalisierung ihres Realeinkommens zu bezahlen.

6. Aber nicht genug damit, daß es der Masse der Assignatenempfänger objektiv ökonomisch unmöglich war, ihre täglichen Ausgaben einzuschränken und so den Kaufpreis für Grundbesitz zu ersparen, wird die Rolle der Staatsgüter als einer Deckung für die Assignaten auch noch deshalb immer illusorischer, weil in Wirklichkeit **die Tilgung der in die Staatskassen zurückströmenden Assignaten allmählich eingeschränkt und dann ganz eingestellt wird.**

Das Dekret über die Schaffung der Assignaten vom 19./21. Dez. 1789 hatte ein besonderes Organ, die Außerordentliche Kasse, mit dem Tilgungsgeschäft beauftragt. Anfang 1793 wurde die Außerordentliche Kasse wieder mit der Ordentlichen zu der einheitlichen Staatskasse verschmolzen (Dekret vom 4. Jan. 1793); auf diese gehen auch die Funktionen der Tilgung der zurückfließenden Assignaten über.

Faktisch aber hört bald danach die Tilgung ganz auf, und die als Bezahlung für Ländereien eingehenden Assignaten werden wieder in Umlauf gesetzt.

Der Verkauf des Staatsgrundbesitzes vollzieht sich nicht gleichmäßig, sondern stoßweise.

Anfangs kann der Ende 1789 gefaßte Beschluß, die Ländereien zu verkaufen, nicht ausgeführt werden, weil sich keine Käufer finden. Der Verkauf beginnt erst in der zweiten Hälfte des Jahres 1790, nachdem er den Gemeindeverwaltungen überwiesen und die großen Besitzungen in kleine Teile zerschlagen werden.

Bis zum 24. März 1791 waren erst für 180 Mill. Livre Ländereien verkauft, während sich der Assignatenumlauf auf etwa 1100 Mill. Livre belief.

Später geht der Verkauf schneller, da die Verfassunggebende Nationalversammlung den Käufern die Zahlungen staffelt und die Parzellierung der Grundstücke erleichtert.

Ende 1791 beläuft sich die Summe der registrierten Verkäufe auf 903 Mill. Livre; da aber damals 114 Arrondissements ihre Rechenschaftsberichte noch nicht vorgelegt hatten, so vermutet Jaurès, daß der Gesamtwert der verkauften Ländereien sich schon auf 1500 Mill. belaufen habe.

Die Summe der dekretierten Emissionen belief sich damals auf 2200 Mill., der Umlauf sollte nie 1600 Mill. übersteigen.

Der Wert aller zu verkaufenden Ländereien sollte nach dem Bericht des Abbé Montesquiou an die Verfassunggebende Nationalversammlung 3200 Millionen Livre betragen.

Ende 1792 kommt die Assignatenausgabe schon dem Werte der anfangs nationalisierten Kirchen= und Kronländereien gleich. Damals traf der Konvent, der ebenso wie die beiden vorhergehenden Nationalversammlungen prinzipiell den Wert der Assignaten auf den der sie theoretisch deckenden Ländereien gründete, eine Anzahl von Maßnahmen, die den Landfonds erweitern sollten.

Nacheinander wurden mit den zu Anfang der Revolution konfiszierten Ländereien vereinigt: alle Besitzungen der Religionsgemeinden (Dekret vom 26. Sept. 1791), Kongregationen und Bruderschaften (Dekret vom 18. Aug. 1792), die Ländereien der Kirchenmanufakturen (19. Aug. 1792) und der Grundbesitz des Malteserordens (Dekrete vom 1. Sept. und 22. Okt. 1792).

Einen weiteren sehr beträchtlichen Zuwachs bildeten die Güter aller politischen Emigranten, die sich im Ausland sammelten, um den Kriegszug gegen die Revolution zu organisieren (Dekret vom 9. Februar und 2. Sept. 1792). Im Kampf mit der Gegenrevolution fügte der Konvent noch die Besitzungen aller Guillotinierten, Ausgewiesenen und für verdächtig Erklärten (Dekret vom 16. Dez. 1793 und 26. Febr. 1794) und der früheren General=Steuerpächter (Dekret vom 12. Jan. 1794) hinzu.

Die letzte Quelle endlich bildeten die Ländereien der Ausländer; der Konvent (Sitzung vom 7. Aug. 1793 und 3. und 11. Nov. und 31. Dez. 1794) konfiszierte sie, als Rußland und Spanien die den Franzosen gehörigen Ländereien und England das von den Franzosen in Toskana gekaufte Getreide konfiszierten.

Der Landfonds wächst also gewissermaßen mit der Papiergeldausgabe, und die Verwaltung läßt die Ländereien, über die sie schon verfügt, immer wieder und wieder neu einschätzen. Infolgedessen stieg der Preis der Landdeckung für die Assignaten nach der Schätzung Fochons von 2½ auf 7 Mill. Livre [1].

Aber mit den Zahlen für den Wert des Landfonds als sogenannter Sicherheit für die Assignaten ist über die wirklich aus dem Umlauf gezogene Menge noch sehr wenig ausgesagt.

Den Käufern wurde ein so langer Zahlungsaufschub gewährt, daß Assignaten in weit geringerem Maße in die Staatskasse zurückflossen, als Verkäufe getätigt wurden, und dieses Verhältnis verschlechterte sich immer mehr.

Die Käufer entrichteten beim Verkaufe 10—20% des Preises, und wenn die nächste Zahlung fällig war, so „suchten sie alle möglichen Vorwände hervor, um nichts zu zahlen, und sehr oft hatten sie darin Erfolg."

Was ferner die Vernichtung der auf die eine oder andere Weise zurückgeflossenen Assignaten angeht, so liegen hierüber nur sehr spärliche Angaben vor, trotzdem alle Nationalversammlungen vollständige öffentliche Rechnungslegung darüber für jedes Departement forderten und versprachen.

Unterdessen beunruhigte die Frage der Vernichtung schon gleich von Anfang an nicht wenig die Bevölkerung, die „fürchtete, von Papiergeld überschwemmt zu werden", und ihre Besorgnisse in einer Reihe von Petitionen an die Verfassunggebende Nationalversammlung zum Ausdruck brachte.

---

[1] Eine Berechnung des Wertes der Ländereien, die Anspruch auf Genauigkeit macht, werden nur ganz detaillierte künftige Forschungen liefern können. Alle jetzt vorliegenden Zahlen beruhen auf Mutmaßungen. So kann man den angeführten Zahlen Fochons zwei andere Schätzungen gegenüberstellen: Bornarel meint, infolge der angegebenen Ergänzungen des Landfonds habe sich die Deckung für die Assignaten vervierfacht. R. Stourm berechnet den ganzen von der Revolution erworbenen Landfonds auf 5½ Mrd. Livre, wovon 3 Mrd. für das Kirchen- und Kronland und 2½ Mrd. für die Besitzungen der Emigranten, Verurteilten usw.

Wenn wir die verschiedenen amtlichen Angaben über die Vernichtung von Assignaten in den ersten vier Jahren ihres Bestehens zusammenstellen, so erhalten wir folgendes Bild.

Tabelle 2.

Bis zum	Ausgegeben in Millionen Livre	Eingezogen und verbrannt in % des ausgegebenen Betrages
1. September 1791 . . .	1200	355	29,5
1. April 1792	2014	465	23,0
1. Februar 1793	3069	682	22,2

Die erste Folgerung, die wir aus dieser Zusammenstellung ziehen können, lautet also: **Die Menge der umlaufenden Assignaten wächst beständig; die vernichteten Beträge gehen stetig zurück.**

7. Das Band zwischen den Assignaten und ihrer Deckung durch das Grundeigentum lockert sich immer mehr; zugleich oder schneller ändert sich ihre juristische und zirkulatorische Natur.

Anfänglich als Obligationen oder Schuldverschreibungen des Staates auf den Inhaber gedacht, sollten die Assignaten nach dem Dekret vom 19./21. Dez. 1789 ihren Inhabern 5% einbringen als Ertrag der Ländereien, als deren papierene Verkörperung sie erschienen.

Aber schon das Dekret vom 16./17. April 1790, das überhaupt den Assignaten einen in mehreren Hinsichten anderen juristischen Charakter verlieh, setzt die Verzinsung von 5 auf 3% jährlich herab. Da aber jetzt schon die Rolle dieses Assignatengeldes (assignats — monnaie) als Umlaufsmittel merklich hervortritt und jeder Inhaber in den Genuß eines Teilchens ihres Ertrages gelangen können soll, wurde festgesetzt, daß die Zinsen nach Tagen zu berechnen seien. Artikel 4 des Dekretes ordnet an: „Der Wert des Assignaten ist an jedem Tage gleich dem Kapital vermehrt um die aufgelaufenen Zinsen, er ist für diese Summe anzunehmen." „Der letzte Inhaber erhält am Ende des Jahres die ganze Verzinsung." Obgleich einstweilen nur sehr große Stücke (von 1000 bis 200 Frank) ausgegeben werden, ergeben sich aus dieser täglichen Preisveränderung um eine offenbar unbeträchtliche und schwer zu berechnende Summe große Unbequemlichkeiten für den Umlauf.

Und schon 5 Monate später hob das Dekret vom 29. Sept. 1790 die Verzinslichkeit der Assignaten ganz auf. In dem ergänzenden Dekret vom 8./10. Oktober 1790 ist zu lesen: die Assignaten seien für jeden produktiven Gebrauch und insbesondere zur Erwerbung von Nationaldomänen geeignet, daher sollten die Assignaten ebensowenig wie das Gold und Silber, mit denen sie konkurrieren sollten, an sich nicht produktiv sein. Zinsen, die mit dem Besitz irgendeines Geldes verbunden wären, würden seine Natur verderben und sich dem Umlauf entgegenstellen, den zu unterstützen und beleben es bestimmt ist.

Dadurch, daß man die Verzinslichkeit der Assignaten abschaffte, zerriß man eigentlich das einzige reale Band zwischen ihnen und den Ländereien, deren Wert sie vertreten sollten; denn man beseitigte die Möglichkeit, im voraus den Ertrag der Ländereien zu genießen. Also wurde es endgültig sinnlos, Assignaten als Kreditwerte zu halten; sie wurden zwangsmäßig in den Umlauf hineingestoßen.

8. Zugleich wird die Einlösungs- und Tilgungsfrist der Assignaten immer unbestimmter.

Laut dem ersten Dekret vom 19./21. Dez. 1789 sollten die Assignaten ratenweise in ein- bis fünfjährigen Fristen in Metallgeld eingelöst werden.

Aber schon das Dekret vom 16./17. April 1790 verschiebt die Einlösung auf unbestimmte Zeit: „Bis der Verkauf der nationalen Domänen vollzogen sein wird." Dieser Satz wird, allerdings nicht in verbindlicher Form, auch in der folgenden Zeit öfter wiederholt.

Eine ähnliche Ausgestaltung der Papiergeldnatur der Assignaten zeigen die Verordnungen über ihre Übereignung.

Anfangs kann man entsprechend der zwiespältigen Natur der Assignaten auf zweifache Art übereignen.

a) als Wertpapiere durch Indossament;
b) als Geld durch unmittelbare Übergabe.

Obligatorisch war nur der erste Übergabevermerk eines Vertreters des Staates, die weiteren waren fakultativ und standen in dem Belieben der an dem Umsatz Beteiligten [1].

Daß auf der Rückseite Fächer für die Übereignungsvermerke vorhanden waren, veranlaßte viele, solche zu fordern, und verminderte die Geeignetheit der Assignaten als Umlaufsmittel; denn dadurch wurde

---

[1] Das Dekret vom 1./13. Juni 1790 lautet (Ziffer 6): „Die Rückseite der Assignaten wird in Fächer eingeteilt, in deren erstem die Unterschrift des vom König bestimmten Indossanten stehen soll; die anderen Fächer sollen gegebenenfalls den anderen Indossanten dienen."

das Eigentumsrecht ihres Inhabers von der Rechtmäßigkeit des Eigentums aller seiner Vormänner abhängig gemacht.

Deshalb schaffte das Dekret vom 29. Sept. 1790 die Indossierung ab und führte die vollständige Formlosigkeit der Übereignung ein.

9. Aber das Wichtigste in der ganzen juristischen, zirkulatorischen und sozial-ökonomischen Geschichte der Assignaten war die Festsetzung ihrer Zahlkraft, des sogenannten Zwangskurses.

Diese Frage ist die unklarste und verworrenste nicht nur in den Vorstellungen der Praktiker des Finanzwesens jener Zeit, sondern auch in der historisch-ökonomischen Literatur unserer Tage.

Aber die sozialen Massenbewegungen, die mit ihr in der Geschichte der französischen Revolution verbunden sind, sind der beste Beweis, daß diese Frage für das wirtschaftliche Funktionieren des Geldsystems und damit auch des ganzen Warenverkehrs im Lande überaus wichtig gewesen ist.

In dem grundlegenden Dekret vom 19./21. Dez. 1789 werden wenigstens formal weder der Annahmezwang noch eine gesetzliche Wertrelation zum Metall, dem damaligen Hauptumlaufsmittel des Landes, festgestellt.

Aber ein Element des Zwangskurses wurde doch stillschweigend vorausgesetzt: das war die Aufdrängbarkeit bei Zahlungen des Staates.

Die Assignaten waren ja zur Befriedigung der Staatsgläubiger (insbesondere der Diskontkasse) geschaffen — wie hätten sich diese Kontrahenten weigern können, in dieser Form befriedigt zu werden?

Nach dem allgemeinen Sinn des Dekretes und der Bestimmung der ausgegebenen Assignaten bestand also hinsichtlich des ersten Aktes, der Hingabe von seiten des Staates, der Annahmezwang und auch eine gesetzliche Wertrelation.

Da weiter die Diskontkasse seit dem 18. August 1788 allgemein ermächtigt war, ihre Scheine „gegen solide Obligationen" umzutauschen, und als solche nun zweifellos auch die Assignaten des Staates anzusehen waren, so behielten die Assignaten den Zwangskurs in seinen beiden Elementen offenbar auch bei der zweiten Zahlung — der, welche die Diskontkasse vornahm.

Das zweite Dekret vom 16./17. April 1790, in dem die zirkulatorischen Funktionen der Assignaten ihren hypothekarisch-kreditwirtschaftlichen mindestens gleichgestellt werden, rollt die Frage der Geltung der Assignaten in weitem Umfange auf und beantwortet sie scheinbar genau.

„Die durch das Dekret vom 19./21. Dez. 1789 geschaffenen Assignaten werden im Verkehr zwischen allen Personen in der ganzen Ausdehnung des Königreichs Münzkurs haben (auront cours de monnaie) und bei allen öffentlichen und privaten Kassen ebenso wie klingende Münze angenommen werden." So lautet Art. 3 des Dekretes vom 16./17. April 1790.

Aber eine nähere Prüfung erweist diese Bestimmungen als sehr lückenhaft und ungenau. Bedeutet hier der Ausdruck „cours de monnaie" nur die Aufdrängbarkeit der Assignaten zu einem vom Verkehr festgesetzten Metallpreis, oder soll auch die Gleichwertigkeit mit dem Metall erzwungen werden?

Mehrere formale Momente und Ausdrücke in anderen Artikeln dieses Dekretes sprechen für die letztere Auslegung.

Tatsächlich konnten aber die Zeitgenossen jenen Worten auch einen anderen konkreten Sinn beilegen. In der Tat: wenn in den Worten „sollen ebenso wie klingende Münze angenommen werden" der logische Akzent auf das Wort „ebenso wie" fiel, so mußte es im Sinne einer Gleichheit aller Bedingungen, unter denen die Annahme erfolgen sollte, also auch im Sinne der Bewertung nach dem Nominalwert verstanden werden.

Wenn aber die Worte „sollen angenommen werden" betont wurden, so erhielt die ganze Verordnung den Sinn einer Verpflichtung nur zur Annahme der Assignaten, und die Wertrelation zum Metallgeld blieb unberührt.

In ganz kurzer Zeit führte diese Unklarheit zu zwei gänzlich verschiedenen Auslegungen in zwei überaus interessanten Aufrufen an das Volk, die im Namen des Königs und im Namen der Verfassunggebenden Versammlung anläßlich der Ausgabe der Assignaten erlassen wurden. In der modernen Literatur sind beide ganz unbemerkt geblieben.

Die königliche Proklamation vom 19. April 1790, die von Necker verfaßt ist, gibt ganz unerwarteterweise die Auslegung, daß die Assignaten Zwangskurs haben nur zur Tilgung von Verbindlichkeiten aus Kreditgeschäften, zur Zahlung von Schulden; für das ganze gewaltige Gebiet des Warenverkehrs fehlt ihnen diese rechtliche Grundlage. Hier soll nur „das patriotische Gefühl ein solches Verhalten allen guten Franzosen befehlen . . .".

Der Aufruf der Nationalversammlung, der vom 30. April datiert und am 3. Mai 1790 veröffentlicht ist, steht auf dem genau entgegengesetzten Standpunkt. Wir finden hier die genaue Formel: „Die Nationalversammlung verleiht den Assignaten einen obligatorischen Konventionalwert."[1]

Aber weder die Form des Aufrufs noch die langen finanzpolitischen und geldtheoretischen Erörterungen dieses Dokumentes, in denen sich diese These verlor, noch endlich das Fehlen jeder strafrechtlichen Sanktion waren der Durchführung des Grundsatzes günstig: der Verkehr machte ihn sich nicht zu eigen. Im Gegenteil, der Handel, von vornherein geneigt, den kleinsten Unterschied in der Bewertung verschiedener nebeneinander umlaufender Geldsorten auszunützen, nutzte alle jene Lücken in der formalen Feststellung der Zahlungskraft der Assignaten aus; nur das eine Element des Zwangskurses erkannte er an und sanktionierte er: die Aufdrängbarkeit, nicht aber die gesetzliche Wertrelation.

So wurde ein System paralleler Währungen geschaffen, die wertmäßig durch nichts miteinander verbunden waren. Und da die große Menge Hartgeldes, die auf 2,2 Milliarden Livre berechnet wurde, alle wesentlichen Aufgaben als Umlaufsmittel erfüllte, so mußte die ständig wachsende Assignatenmenge, die ihr, obwohl gesellschaftlich für den Umlauf nicht notwendig, zugesetzt wurde, sich entwerten.

Dies veranlaßte den rechten Flügel der Verfassunggebenden Nationalversammlung, den Antrag zu stellen: „den Handel mit Geld ebenso zu schützen wie den mit allen anderen Waren". Denn „für den Geldhandel ist die Freiheit ebenso wie für jeden anderen Handel das Leben, die Seele", erklärt der Abgeordnete Lachaise. Die Forderung nach Legalisierung des Parallelismus der beiden Währungen und die Ablehnung eines Zwangspreises in Metall für die Assignaten wurden damit begründet, daß die Unruhen und die Angriffe der Menge „die einzige Ursache" des Fallens des Assignatenpreises sind (vgl. die Reden der Abgeordneten Rewbell, Malouet, Cazalès u. a.). In dieser Atmosphäre bringt bald die Verordnung vom 17. Mai 1791 durch, die „in Anbetracht dessen, daß der Geldhandel nie verboten werden konnte",

---

[1] Dieser Aufruf hat große Bedeutung für die Geschichte der Geldtheorie, denn er enthält eine Reihe von scharfen Formulierungen im Geiste nicht nur der allgemein nominalistischen, sondern auch der spezifisch chartalistischen Theorie.

allen ausführenden Organen vorschreibt, „alle Arten des Handels und besonders den mit Gold und Silber zu schützen".

So wurde die Unklarheit in den Worten des Dekretes vom 17. April 1790 ein Jahr später, entgegen der Formel des Aufrufes der Nationalversammlung, entsprechend der Praxis des Verkehrs authentisch dahin interpretiert, daß den Assignaten nur Aufdrängbarkeit, aber nicht eine gesetzliche Wertrelation beigelegt wurde.

Das brachte die wachsende Assignatenmenge legal gegenüber dem mit ihr konkurrierenden Hartgeld in eine sehr schlechte Lage und rief eine Bewegung der Volksmassen hervor, die scharf die Beseitigung dieses Wettbewerbes forderten.

Es ist interessant, daß die Losung dieser Bewegung gerade aus den Volksmassen, von der Peripherie her kam; keine einzige der einflußreichen politischen Gruppen weder innerhalb noch außerhalb des Konventes hatten teil an der sich entwickelnden Agitation.

Sowohl die Montagnards als auch die Girondisten, unter denen es ausgezeichnet über die Gesetze des Geldumlaufes orientierte Nationalökonomen gab, lehnten anfangs in gleicher Weise diese Losung ab: sie trugen der einfachen Tatsache nicht Rechnung, daß, soweit der Staat auf den Assignatendruck angewiesen war, der Wettbewerb irgendwelcher anderen Umlaufsmittel wie eine ungeheure Last auf die Assignaten drückte und ihren Wert weit mehr senkte, als ökonomisch normal gewesen wäre.

Jene Bewegung verstärkt sich besonders im Januar und Februar 1793. Eine ganze Reihe von Abgeordneten aus fast allen Sektionen von Paris und aus den Departements erscheint damals im Konvent mit der Forderung, das Gesetz vom 17. Mai 1790, „die Frucht der Verständnislosigkeit und der Unerfahrenheit, abzuschaffen, und die Gleichwertigkeit der Assignaten mit dem Metall zu verkünden". Dieses Gesetz, erklären die Bittsteller, ermutigt den Handel mit Geld, es vermindert den Verdienst des Arbeiters und treibt ihn zur Verzweiflung.

Aber der Konvent schwankt noch lange und entschließt sich erst im April 1793, die verlangten Maßnahmen zu treffen.

Das Dekret vom 8. April 1793 ordnet an, künftig seien bei allen wirtschaftlichen Operationen des Staates die Preise ausschließlich in Assignaten auszudrücken. Alle Klauseln über Zahlungen in Metall werden verboten.

Durch das Dekret vom 11. April wird dieser Grundsatz auch auf alle privaten Geschäfte ausgedehnt.

„Keinerlei Käufe, Verkäufe, Verträge, Übereinkünfte oder Geschäfte" dürfen von nun ab andere als in Assignaten ausgedrückte Verpflichtungen enthalten. Zu sechs Jahren Kerker wird ... verurteilt, wer überführt ist, verschiedene Preise, je nachdem in Metallgeld oder in Assignaten gezahlt wird, festgesetzt oder angeboten zu haben; jedoch wird den Besitzern von Metallgeld „nicht die Möglichkeit verboten, es al pari mit den Assignaten zu verwenden". Die Dekrete vom 1. Aug. und vom 5. Sept. 1793 endlich, welche dieselben Sätze wiederholen, gehen mehr ins einzelne und bauen das System der Strafen für alle darunter fallenden Vergehen aus, sogar Äußerungen zur Diskreditierung der Assignaten werden bestraft.

Worin liegt nun der ökonomische Sinn dieser Vorschriften? Natürlich führen sie nicht wirklich zur Gleichwertigkeit des entwerteten Papiergeldes mit dem Metall, sondern schalten das letztere aus dem Warenverkehr aus und beschränken die Geschäfte mit Hartgeld auf den engen Kreis der Spekulation, wo es weiter als eigenartiger Kapitalwert umgesetzt wird.

Zur Befestigung des Wertes der Assignaten trug sehr viel bei die schon viel früher begonnene, jetzt aber mit einem Schlage durchgeführte Thesaurierung des Hartgeldes, sie beseitigte eine bestimmte Masse von Umlaufsmitteln und verbesserte so offensichtlich die Tauschgrundlage des Wertes der übrigen.

So kann man in der Geschichte der Assignaten als Umlaufsmittel drei Hauptstadien unterscheiden: a) bei der Schaffung der Assignaten überwogen in ihnen deutlich die Kreditfunktionen, b) etwa vom August 1790 bis zum Frühling 1793 wird ihnen die Stellung eines Umlaufsmittels neben dem Metallgeld zuerkannt, und c) seit dem Frühjahr 1793 werden die Geldfunktionen für sie monopolisiert; das Metall wird endgültig aus dem Umlauf verdrängt.

10. Endlich ist noch ein Prozeß zu beachten, in dem äußerlich die Veränderung des wirtschaftlichen Wesens der Assignaten zum Ausdruck kam: es werden immer kleinere Abschnitte ausgegeben.

Das Dekret vom 19./21. Dez. 1789 sah die Ausgabe nur einer Art von Abschnitten, von 10000 Livre, einem auch für Wertpapiere außerordentlich hohen Betrag vor. In Wirklichkeit wurden die Assignaten des ersten Types, wie wir durch Zusammenstellung und Vergleich verschiedener Quellen feststellen konnten, auf Befehl des Königs und dem Dekret der Verfassunggebenden Versammlung schnurstracks zuwider, in Abschnitten zu 1000 Franken ausgegeben.

Das zweite Dekret vom 16./17. April 1790 sieht Abschnitte von 1000, 300 und 100 Livre vor, was sie Geldzeichen von allerdings sehr großen Nominalwerten annähert.

Die dritte, am 29. Sept. dekretierte Ausgabe umfaßte Abschnitte von 2000, 500, 100, 90, 80, 70, 60 und 50 Livre.

Hier ist nun folgendes merkwürdig. Schon zu Anfang des Jahres 1791 erzielten die 50-Livre-Assignaten im Verhältnis zu den größeren Abschnitten ein Aufgeld. Der Warenverkehr hatte sich wohl die Verwendung der Assignaten als Geldzeichen schon so sehr zu eigen gemacht, daß dem Handel aus dem Umstand, daß verhältnismäßig wenig kleine Abschnitte ausgegeben wurden, gewisse Schwierigkeiten entstanden. Ferner muß ein beträchtlicher Teil des Metallgeldes schon aus dem Umlauf verdrängt worden sein, denn sonst hätten sich solche Schwierigkeiten nicht ergeben können, da das Austauschverhältnis des Papiers zum Metall frei gewählt werden konnte.

Um diese Unzuträglichkeiten zu beseitigen, wurde dekretiert, mehr Abschnitte zu 50—100 Livre und dafür weniger Assignaten auf 2000 auszugeben (Dekrete vom 9. Jan. und vom 6. Febr. 1790).

Aber das genügte nicht. In dem Maße, wie das Münzgeld (außer den Kupfermünzen) ein Aufgeld erzielte und aus dem Verkehr verdrängt wurde, wurden noch kleinere Abschnitte nötig.

Es liefen zwar noch die Zinsscheine der Assignaten des zweiten Typs um; diese lauteten auf 15, 4½ und 3 Livre; als man die Verzinslichkeit der Assignaten abgeschafft hatte, waren sie abgetrennt und als selbständige Geldzeichen in Umlauf gesetzt worden. Aber da das Metallgeld in immer größerem Maße aus dem Umlauf verschwand und daraus sich für die Abwicklung des Verkehrs die ernstesten Schwierigkeiten ergaben, so war dies natürlich ungenügend.

Nach langem Zögern war die Verfassunggebende Nationalversammlung endlich genötigt, am 6. Mai 1791 die Ausgabe von 5-Livre-Assignaten zu dekretieren, die wieder auf Kosten der Ausgabe von großen Abschnitten erfolgte. Die Unentschlossenheit und das Schwanken der Verfassunggebenden Nationalversammlung sind durchaus verständlich, wenn man sich auf den Standpunkt ihrer offiziellen „Hypothekentheorie der Assignaten" stellt, die von dem Satz ausging: die Assignaten dürfen nicht zu Papiergeld werden, denn die Ausgabe jener kleinen Abschnitte bedeutete einen großen Schritt zur vollen Gleichstellung der Assignaten mit gewöhnlichem Geld.

Aber so wie früher die Assignaten von 50—100 Livre ein Aufgeld gegenüber den größeren Abschnitten erzielten, so erlangen jetzt die 5-Livre-Assignaten ein solches. Denn jetzt erzielte schon jedes Hartgeldstück ein beträchtliches Aufgeld und wurde aus dem Umlauf verdrängt.

Die Lücke, die sich hierdurch in dem Geldsystem bildete, war so groß, daß alle Anstrengungen des Staates zur Herstellung von kleinen und kleinsten Abschnitten sie nicht schnell genug ausfüllen konnten.

Der Mangel an kleinen Zeichen zum Wechseln in der Provinz wird zu einem öffentlichen Notstand, besonders für die mindestbemittelten Bevölkerungsschichten. Da kommen örtliche Körperschaften und sogar Privatpersonen, ohne ihre Rechte und Vollmachten irgendwie zu erwägen, den dringenden wirtschaftlichen Bedürfnissen des Warenverkehrs und der Abrechnungen entgegen und geben Scheidegeld in eigenem Namen und auf eigene Gefahr aus. Es entsteht eine gewaltige Menge verschiedenerlei Privatgeldes.

Zwar sind diese Zeichen oft weder durch irgendeinen Assignatenfonds noch auch durch das öffentliche Ansehen der Emittenten gedeckt, aber in dieser Zeit des Wechselgeldhungers nimmt der Wirtschaftsverkehr sie alle mit größter Schnelligkeit und Gier auf.

Charakteristisch sind schon die Benennungen dieser „Privatgeldsorten". Sie heißen meist „Vertrauensscheine" („billets de confiance"), „Gutscheine der Vaterländischen Hilfe" usw. Sie treten in der Provinz schon vor dem Dekret über die Ausgabe der 5-Livre-Assignaten auf, und bald wird Frankreich geradezu von ihnen überschwemmt. Sogar „Vertrauensmünzen" („médailles de confiance") werden geprägt — wodurch das Münzregal der Regierung offen verletzt wird. Der Nominalwert schwankt bei der Mehrzahl zwischen 40 Sou und 6 Denier. Ausgegeben werden sie von Gemeinden, Banken, Gruppen von Kaufleuten, privaten Unternehmern usw.

Die übliche Bezeichnung der Wechselanstalten ist „patriotische Kasse". Besonders großen Erfolg haben die kleinen Stücke, welche als Scheidegeldzeichen für die 5-Livre-Assignaten dienen. Der Bedarf an ihnen ist so groß, daß sie den Assignaten gegenüber sogar ein Aufgeld erzielen. Im Austausch gegen einen 5-Livre-Assignaten wird nur 4½ Livre in „vaterländischen Gutscheinen" gegeben.

Unter diesen Umständen schafft die Verfassunggebende Nationalversammlung endlich auch ganz kleine Assignatenstücke zu 50, 25 und
10 Sou (Dekrete vom 16. und 28. Dez. 1791) und ergänzt auch das
alte Stückelungssystem durch Abschnitte zu 25 und 10 Livre (Dekret
vom 17. Dez. 1791).

Und erst seit dieser erzwungenen Vollendung des Systems des
staatlichen Papiergeldes fangen die Geldsurrogate und das Privatgeld
an, allmählich aus dem Umlauf gezogen zu werden.

Zweites Kapitel.
Die Entwertung der Assignaten, ihr Verlauf und ihre Ursachen.

1. Die Hauptquellen für die Erkenntnis der Geldentwertung sind
erstens der ausländische Wechselkurs (oder der Wert der ausländischen
Valuten), zweitens der Wert des Goldes in Papiergeldeinheiten und
drittens das allgemeine Preisniveau.

Die Bewegung der Bewertungen der ausländischen Valuta kann
nicht unbedingt als genaue Widerspiegelung der Entwertung der
nationalen Valuta angesehen werden.

Den Außenwert des Geldes beeinflussen sehr viele ganz eigenartige Momente, wie der Stand des Warenaustausches mit dem Ausland, der Stand der Zahlungsbilanz, der Ausblick auf die internationalen
Kreditbeziehungen usw. Diese Einflüsse sind so veränderlich, daß weder
die Richtung noch der Grad, in welchem diese intervalutarischen Bewertungen von der inländischen Geldentwertung abweichen, in all-
gemeiner Form bestimmt werden kann. Bald überholen die ersteren
die letztere, bald bleiben sie hinter ihr zurück; es gibt Verhältnisse, unter
denen die Abweichung groß ist, und andere, unter denen sie gleich
Null wird.

Das zweite Spiegelbild der Entwertung liegt in der Kurve des
Preises für Gold in dem nationalen Papiergeld vor.

Aber auch auf den Preis des Goldes wirken verschiedene dritte
Faktoren ein.

Einerseits steht das Gold als „Weltvaluta" in enger Wechselwirkung
mit dem ausländischen Wechselkurs, und seine Bewertung hat die
Tendenz, die Schwankungen des Wechselkurses auf die goldreichen Länder,

die ihre Zettel in Gold einlösen, zu reflektieren, wenn auch in eigenartig verzerrten Linien.

Andererseits wird das Gold als „allgemeines Tauschmittel" und Wert, der die Garantie seiner Beständigkeit in sich selbst trägt, in dem durch die Papiergeldvermehrung erzeugten ökonomischen Wirbel zum bevorzugten Mittel der Akkumulation.

Hier tritt die Funktion des Hortes in den Vordergrund und verdunkelt alles andere, so daß sie zeitweise das Prinzip der Tauschbewertung des Metallgeldes von Grund aus ändert.

Da so die Bewertung des Goldes von diesen beiden Arten von Faktoren, inneren (volkswirtschaftlichen) und äußeren (internationalen), abhängt, kann auch sie nicht als völlig objektiver (passiver) Maßstab für die Entwertung der Papiergeldeinheit gelten.

Die Bewegung der inländischen Warenpreise in ihrer Gesamtheit mißt diese Entwertung am genauesten, vor allem deshalb, weil das Papiergeld für gewöhnlich in mehr als 95% aller Fälle im inländischen Warenverkehr verwandt wird; der Austausch gegen ausländische Valuten und umgekehrt und der Austausch gegen Gold tritt ganz dahinter zurück.

Aber eben dieser Index fehlt uns für die französischen Assignaten.

Alle Angaben, die sich erhalten haben und bisher aus den Archiven gewonnen worden sind, tragen den Charakter des Zufälligen und Fragmentarischen, von der Gesamtentwicklung geben sie kein vollständiges Bild.

Einigermaßen vollständige Angaben besitzen wir nur für die Preise des Metalles und, teilweise, der ausländischen Valuta.

Was zunächst die Bewegung des Metallpreises anlangt, so stand er zweifellos, auch wenn man von dem Zusammenhang mit dem ausländischen Wechselkurs absieht, in großem Maße unter dem Einfluß jener Art psychologischer Schwankungen bei der Nachfrage nach Metall, welche objektiv durch die Schwankungen der politischen und sozialen Entwicklung und subjektiv durch das Maß, in welchem die Besitzer für ihr Eigentum fürchten, bestimmt wird.

Demgegenüber erscheint der Tauschwert der Verbrauchsgüter (der Waren) als überaus stabil, er wird bestimmt durch die ganze Konfiguration der gesellschaftlichen Nachfrage und des gewöhnlichen Verbrauches.

Wenn man aber von Abweichungen, die sich auf kürzere Zeiträume beschränken, absieht und die Kurve der Geldentwertung im ganzen und in ihren größten Bögen betrachtet, so liefert die Bewegung des „Metallkurses" der Assignaten doch die nötigen Angaben über das Tempo und den Verlauf ihrer wirklichen Entwertung.

Die Bewegung des internationalen Kurses ist in Frankreich nur für zwei Abschnitte der zu erforschenden Zeit festgestellt: erstens für die Zeitspanne vom März 1790 bis April 1793 und zweitens für den Zeitraum vom August 1795 bis zum März 1796.

Die vollständigeren Materialien über die reziproken Notierungen der französischen Assignaten an den Börsen des Auslandes ruhen in den Tiefen der englischen, holländischen, deutschen, italienischen u. a. Archive; gehoben sind daraus nur — und auch diese erst vor ganz kurzer Zeit — die Notierungen der Hamburger Börse; diese ergeben allerdings ein interessantes Bild.

2. Bei den Zeitgenossen — und ihnen hat sich auch Jaurès angeschlossen — herrschte die unerschütterliche Überzeugung, daß die innere Entwertung von der äußeren verursacht werde, daß der Fall des Assignatenkurses in Metallgeld und das Steigen der Warenpreise die Wirkung des Sinkens des Wechselkurses im Ausland sei.

Um diese These nachzuprüfen, haben wir eine ziemlich ausgedehnte statistische Arbeit vorgenommen und deren Ergebnisse in tabellarischer Form zusammengestellt.

In der Tabelle 3 (S. 36) vergleichen wir den Preis der Assignaten in Metallgeld mit den Devisenkursen. Für die letzteren berechnen wir Monatsdurchschnitte, und zwar auf Grund der täglichen Notierungen an der Pariser Börse über Abschlüsse auf Amsterdam und London, die systematisch im „Moniteur Universel", dem amtlichen Organ, abgedruckt wurden.

Aus einem Vergleich der Spalten 3, 5 und 7 dieser Tabelle ist leicht zu ersehen, daß der ausländische Kurs verhältnismäßig unbeträchtlich von dem inneren Metallkurs der Assignaten abweicht: in der graphischen Darstellung würden beide Linien miteinander verflochten erscheinen. Im Jahre 1790 eilt die innere Entwertung der äußeren ein wenig voraus; seit der Mitte des Jahres 1791 und im Verlaufe des ganzen Jahres 1792 geht die äußere der inneren vorher. Holland bewertet die französische Valuta im allgemeinen niedriger als England.

Tabelle 3.

	Preis der Assignaten					
	in Metall		in holländischer Valuta		in englischer Valuta	
	absolut	relativ (bezogen auf den Preis im März 1790 als 100)	absolut	relativ (bezogen auf den Preis im März 1790 als 100)	absolut	relativ (bezogen auf den Preis im März 1790 als 100)
1	2	3	4	5	6	7
1790						
März....	94	100	51,3	100	26,6	100
April....	94	100	50,0	97	25,7	97
Mai....	94	100	—	—	—	—
Juni....	95	101	52,3	102	27,3	103
Juli....	95	101	52,6	103	27,2	102
August...	92	98	51,1	100	26,8	101
September.	91	97	51,2	100	26,1	98
Oktober...	91	97	50,5	99	25,7	97
November.	90	96	50,1	98	25,5	97
Dezember..	92	98	50,5	99	25,6	97
1791						
Januar...	91	97	49,5	97	25,2	95
Februar..	91	97	49,2	96	25,4	96
März...	90	96	49,1	96	25,3	95
April....	89	94	48,1	94	24,8	93
Mai....	85	90	46,1	90	23,6	82
Juni....	85	90	44,6	87	23,2	87
Juli....	87	93	44,2	86	23,1	87
August...	79	84	43,7	85	23,5	88
September.	82	87	44,0	86	22,6	85
Oktober...	84	89	44,2	86	23,2	87
November..	82	87	43,0	84	22,6	85
Dezember..	77	82	39,2	76	20,4	77
1792						
Januar...	72	77	34,1	66	18,2	68
Februar..	61	65	30,1	59	16,4	61
März....	59	63	29,3	57	16,4	61
April....	68	72	32,3	63	18,0	68
Mai....	58	62	30,5	59	16,5	62
Juni....	57	61	33,0	64	18,2	68
Juli....	61	65	33,0	64	17,8	67
August...	61	65	32,6	64	17,5	66
September.	72	77	35,3	69	19,0	71
Oktober...	71	76	35,3	69	19,0	71
November.	73	78	37,0	72	19,8	74
Dezember..	72	77	36,2	70	18,4	69
1793						
Januar...	51	54	28,1	55	15,1	57
Februar..	52	55	29,0	57	15,3	58
März....	51	54	28,8	56	14,7	55

Das Papiergeld der französischen Revolution 1789—1797.

1793 aber überholt die innere Entwertung wieder die äußere, die in den Devisenkursen zum Ausdruck gelangt, und auch nachdem die Geschäfte in ausländischer Valuta nach der zweijährigen Unterbrechung des Funktionierens der Pariser Börse wieder legalisiert worden waren, schreitet sie voraus.

Tabelle 4.

	Kurs der Assignaten in Metall		Kurs der Assignaten in holländischer Valuta	
	absolut (in Livre)	relativ (bezogen auf den Kurs im März 1790 als 100)	absolut	relativ (bezogen auf den Kurs im März 1790 als 100)
1	2	3	4	5
1795				
August . .	2,72	2,9	1,4	2,7
September .	2,08	2,2	1,4	2,7
Oktober . .	1,36	1,4	1,5	2,9
November .	0,77	0,82	0,7	1,4
Dezember .	0,52	0,55	0,4	0,78
1796				
Januar . .	0,46	0,49	0,3	0,58
Februar . .	0,35	0,37	0,3	0,58
März . . .	0,36	0,38	0,2	0,39

Ein ziemlich ähnliches Bild der engen Wechselwirkung beider Bewegungen ergibt die Gegenüberstellung des Metallkurses der Assignaten mit den Notierungen der französischen Valuta an der Hamburger Börse (in Schilling der sogenannten Hamburger „Börsenvaluta").

Diagramm 1[1] (siehe Seite 38).

Deshalb brauchen wir künftighin nur eine dieser Kurven zu betrachten, die große Linie der inneren Entwertung des französischen Papiergeldes in Metall.

3. Das Zahlenmaterial ist in der Tabelle 5 auf Seite 39 zusammengestellt.

---

[1] Wir entlehnen dieses Diagramm der Arbeit H. Illigs über „Das Geldwesen Frankreichs zur Zeit der ersten Revolution (Straßburg 1914)", der es anscheinend auf Grund der Quellen erster Hand gezeichnet hat.

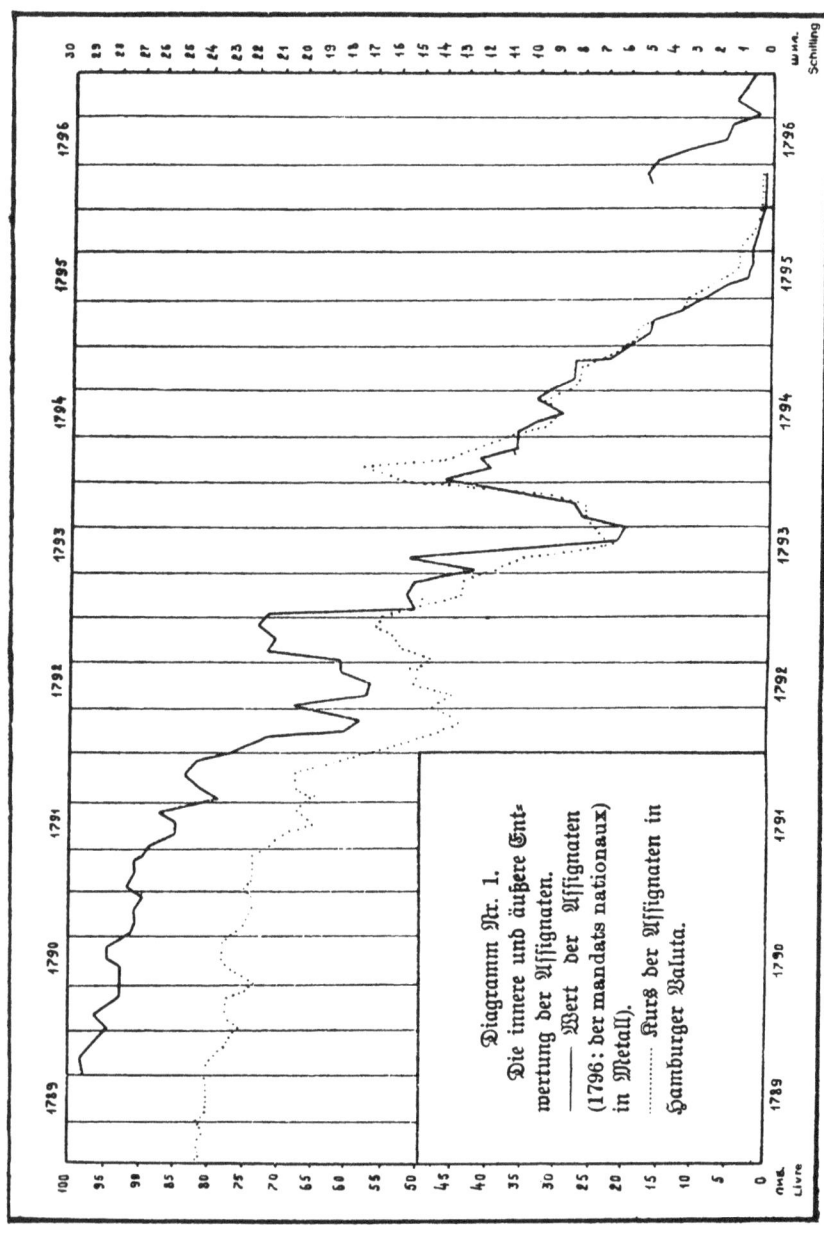

Diagramm Nr. 1.
Die innere und äußere Entwertung der Assignaten.
—— Wert der Assignaten (1796: der mandats nationaux) in Metall.
······ Kurs der Assignaten in Hamburger Valuta.

Tabelle 5.

Monate	1789	1790	1791	1792	1793	1794	1795	1796
1	2	3	4	5	6	7	8	9
Januar...	—	96	91	72	51	40	18	0,46
Februar...	—	95	91	61	52	41	17	0,35
März....	—	94	90	59	51	36	13,28	0,36
April....	—	94	89	68	43	36	10,71	—
Mai....	—	94	85	58	52	34	6,52	—
Juni...	—	95	85	57	36	30	3,38	—
Juli....	—	95	87	61	23	34	3,09	—
August...	98	92	79	61	22	31	2,72	—
September.	98	91	82	72	27	28	2,08	—
Oktober...	97	91	84	71	28	28	1,36	—
November..	96	90	82	73	33	24	0,77	—
Dezember..	95	92	77	72	48	20	0,52	—

Bei der Betrachtung dieser Tabelle ist folgendes zu beachten:

Von August bis Dezember 1789 gibt sie die Notierung der Diskontkassenscheine an, die in Abschnitten zu 200—2000 Frank in Paris Zwangskurs hatten. Im Verlauf dieser 5 Monate verlieren sie 5% ihres Wertes, obgleich nur 120 Millionen im Mai und 170 Millionen im Dezember umlaufen, während das Hartgeld im Lande sich auf 2—2,2 Milliarden Livre stellt.

Mit dem Erlaß des Dekretes vom 19./21. Dez. 1789 über die Ausgabe von Assignaten vertreten diese Scheine vorläufig die Assignaten: sie erhalten einen Stempel mit den Worten: „promesse de fournir assignats".

Damit befestigt sich ihr Kurs, im Verlaufe der folgenden 7 Monate (Januar bis Juli 1790) bleibt er fast unverändert, obgleich ihre Menge immer mehr wächst und zum August fast den Betrag von 400 Millionen Livre erreicht. Die Stabilität ihres Kurses in dieser ziemlich langen Zeit erklärt sich offensichtlich aus einer Veränderung ihrer ökonomischen Funktion. Die unverzinslichen Diskontkassenscheine waren zu (anfangs mit 5%, dann, seit April 1790, mit 3%) verzinslichen Assignaten und damit aus einem Umlaufsmittel zu einem Kapitalwert geworden. Aber ihre Vermehrung mußte früher oder später die ökonomisch unter den gegebenen Umständen mögliche Akkumulationsfähigkeit der Bevölkerung übersteigen, dadurch einen Teil wieder in den Umlauf hineindrängen und die Gesetze der Entwertung der Kaufmittel in Wirksamkeit setzen. Diese Grenze aber wurde eben im August 1790 erreicht, was in dem ersten scharfen Sturz des Assignatenkurses von 95 auf 92 zum Ausdruck kam. So war das Dekret vom 29. September, das die Verzinslichkeit der Assignaten endgültig abschaffte und ihre Verwandlung aus Schuld= verschreibungen in Papiergeld weitgehend legalisierte, in vollem Maße ökonomisch vorbereitet und erzwungen; es bestätigte nur in juristischer Sprache die schon vollzogene Veränderung in der ökonomischen Natur und die Umkehrung der relativen Bedeutung der verschiedenen Funk= tionen der Assignaten.

Aber im Laufe der folgenden 7—8 Monate (bis März 1791 ein= schließlich) verlieren die Assignaten wenig an Wert, sie halten sich auf dem Stande von ungefähr 90. Jetzt verdrängt ihre wachsende Masse einen Teil des Hartgeldes aus dem Umlauf, das seinerseits Akkumulations= mittel wird; die Assignaten ersetzen es im Warenverkehr und erhalten sich einen Teil ihrer Kaufkraft.

Dafür schreitet die Entwertung in der zweiten Hälfte des Jahres 1791 und in der ersten des Jahres 1792, von vorübergehenden Schwan= kungen abgesehen, schnell fort; gegen Ende dieses Zeitraumes fallen die Assignaten auf 57% ihres Nominalwertes. Für eine so be= trächtliche Wertverminderung läßt sich in der Vergrößerung der Geld= menge und dem Wuchern der zahlungsfähigen Nachfrage eine hin= reichend objektive Grundlage nicht feststellen; sie erklärt sich aus anderen Verhältnissen.

Zu dieser Zeit zirkulierte das Papiergeld neben dem Metallgeld. Die Grundlage des Wertes der Assignaten sah man noch in ihrer Kredit= natur, bei den Börsengeschäften spielte das Vertrauen in die Mög= lichkeit ihres künftigen Umtausches und zu den Garantien der Tilgung der Assignatenverbindlichkeiten für die Bestimmung ihres Austausch= verhältnisses gegen das „eigenwertige" Metall eine wesentliche Rolle.

Unter diesen Umständen spiegelt sich jede Verschlechterung der wirt= schaftlichen Lage überhaupt und besonders eine finanzielle und politische Schwächung des Landes in einer Verschlechterung des Kurses seiner Papiergeldzeichen wider; und umgekehrt bessern eine Verstärkung der politischen Macht nach außen und innen sowie eine Besserung der wirtschaftlichen Lage stets die finanziellen Aussichten und erhöhen den Kurs des Papiergeldes mit seiner kreditwirtschaftlich= zirkulatorischen Doppelnatur.

Allerdings beeinflußt dieser Faktor nur insoweit wesentlich den Innenwert des Papiergeldes, als gleichzeitig bessere Geldzeichen um=

laufen: Metallgeld, das die Funktionen des Warenaustausches auch ohne eine Zuschußmenge von Zetteln ausfüllt.

Nur dank dem Vergleich mit dem Metall und auf Kosten des stabilen Wertes des Hartgeldes sind kreditpolitische Schwankungen in der Bewertung der Papiergeldzeichen im Lande ohne entsprechende Veränderungen ihrer Menge möglich, denn der Gesamtwert der Umlaufsmittelmenge im ganzen ist eine stabile Größe, die den Wert der umzusetzenden Warenmenge ausdrückt.

Aber bei paralleler Zirkulation wird eine solche relative Entwertung eines Teiles der Geldmenge sehr aktuell.

Einen gewissen Ausgleich zu dem beträchtlichen Sinken des Assignatenkurses im ersten Halbjahr 1792 bildete die Erhöhung des Kurses im zweiten Halbjahr, welche die Bewertung über den Stand vom Anfang des Jahres emporhob. Die Assignaten notierten:

im Januar 1792 . . . . . . 72 für 100
„ Juli 1792 . . . . 57 „ 100
„ November 1792 . . . . . 73 „ 100
„ Dezember 1792 . . . . . 72 „ 100.

In den letzten Monaten des Jahres 1792 waren die äußeren Siege der von Dumouriez geführten französischen Truppen bei Valmy, am Rhein und in Belgien für diese Steigerung entscheidend.

Umgekehrt spiegelte sich die scharfe Verschlechterung der Kriegslage zu Anfang des Jahres 1793 in einem ebenso scharfen Sturz des Metallkurses der Assignaten wider: der Verrat Dumouriez', der Rückzug der französischen Truppen vom Rhein, die royalistischen Aufstände im Innern, das alles wurde bei den Börsengeschäften als Momente in Rechnung gestellt, welche die Wahrscheinlichkeit einer Befestigung des Finanzsystems und die Wiederherstellung der Vollwertigkeit des Papiergeldes verminderten.

Der Kurs der Assignaten fällt vom Januar bis zum August, dann wirft ihn die neue Verbesserung der allgemeinen Lage wieder steil empor.

Aber in dieser neuen Hebung kommt weiter der Einfluß eines wesentlichen Umstandes in der zirkulatorischen Geschichte der Assignaten zum Ausdruck.

Seit April des Jahres 1793 verbietet das Gesetz bei der Bewertung der Assignaten ein Aufgeld für Metall; es schreibt die Gleichwertigkeit der beiden Arten von Umlaufsmitteln vor. Einen unmittelbaren Einfluß auf die reale Bewertung der Assignaten in Metall erlangt diese Vorschrift freilich nicht. Denn beim Tausch von inländischem Währungsgeld beider Arten entscheidet die Übereinkunft der vertragschließenden Parteien; hier gelten nur die Vorschriften des ökonomischen Interesses.

Und dennoch ist der mittelbare Einfluß dieser Vorschrift gewaltig.

Soweit sie nämlich durch Strafvorschriften geschützt war, engte sie die Umlaufsphäre des Metalles sehr ein. Sie beschränkte sie, wie oben ausgeführt, auf börsenmäßige und spekulative Geschäfte, auf die Fälle, wo die Partner von der gegenseitigen Interessiertheit am Abschlusse des Geschäftes überzeugt sein konnten. Die breiten Massen des Volkes dagegen waren nicht daran interessiert, daß neben dem Papier auch Metall zirkuliere, sondern sahen im Gegenteil klar den schädlichen Einfluß, den der Metallgeldumlauf auf den von Papiergeld ausübte, das schon lange das Hauptmittel für den Warenaustausch darstellte, und forderten geradezu die Entthronung des Metalles und die Abschaffung seiner bevorrechtigten Stellung.

Deshalb wurde mit dem Erlaß der Strafdekrete das Hartgeld schnell aus dem Warenverkehr verdrängt: die wohlhabenden Gruppen der Bevölkerung thesaurierten es, es konzentrierte sich im Kapitalverkehr, und teilweise floß es ins Ausland ab.

Aber eben dadurch mußte sich der Tausch- (der Waren-) Wert der Assignaten sehr verbessern, denn die Folge war, daß die Gesamtmenge der Umlaufsmittel sich beträchtlich verkleinerte.

Dieser Umstand aber mußte seinerseits auch den Assignatenkurs in den ungesetzlichen intervalutarischen Geschäften beeinflussen. Denn die Vergrößerung des Warenwertes der Papiergeldeinheit mußte in einer Erhöhung auch des Kurses des Papiergeldes in Metall zum Ausdruck kommen.

Aber all dies konnte erst dann eintreten, als der strafrechtliche Schutz stark genug wurde, um das Verhalten der Massen zu beeinflussen, und von den behördlichen Organen im Zentrum und in der Provinz tatkräftig verwirklicht zu werden begann.

Eben deshalb beeinflußten die ersten Dekrete vom April 1793 den Kurs der Assignaten in Metall nicht.

Nicht nur war hier der strafrechtliche Schutz schwach, auch die Dekrete selbst wurden von der girondistischen Regierung wider Willen

Das Papiergeld der französischen Revolution 1789—1797. 43

angenommen; diese hatte gar nicht den Wunsch, darüber zu wachen, daß sie ausgeführt wurden.

Dagegen kamen nach dem Sturz der Girondisten die Dekrete vom 1. August und vom 5. September 1793 sehr scharf in jenem steilen Anstieg des Assignatenkurses, der die zweite Hälfte des Jahres 1793 bezeichnet, zum Ausdruck.

Von der Mitte des Jahres 1794 ab fällt der Kurs unaufhaltsam; diese Senkung dauert bis zuletzt, bis zur vollständigen Abschaffung der Assignaten an.

In dieser Zeit entwerten sich die Assignaten vollständig und sehr schnell.

Stellen wir die Angaben über den Kurs für Januar und Juli (also halbjährlich) zusammen, so erhalten wir eine einzige, beinahe stetige Linie.

Tabelle 6.

	Kurs im Monatsdurchschnitt (Livre)	Fall (—) im Vergleich mit der vorhergehenden Angabe %
1	2	3
A.		
Januar 1790 . . .	96	— 4
Juli 1790.	95	— 1
Januar 1791 . . .	91	— 4,2
Juli 1791.	87	— 5,5
B.		
Januar 1792 . . .	72	— 17,2
Juli 1792.	61	— 15,3
Januar 1793 . . .	51	— 16,4
Juli 1793.	23	— 55
Januar 1794 . . .	40	+ 74
Juli 1794.	34	— 15
C.		
Januar 1795 . . .	18	— 47
Juli 1795.	3,09	— 83
Januar 1796 . . .	0,46	— 85
März 1796	0,36	—

Nur das zweite Halbjahr 1793 zeigt nicht eine Senkung, sondern eine Hebung des Assignatenkurses. Im ganzen beleuchtet die Übersicht aber die spezifische Gesetzmäßigkeit der Entwicklung.

Sie zerfällt offenbar in drei große Abschnitte mit überaus stabilen Normen der Entwertung für jeden.

Der erste Abschnitt umfaßt die ersten vier Halbjahre (1790—1791). Die halbjährliche Entwertung beträgt hier 4—5%, nur im ersten Halbjahr 1790 ergibt sich ein geringerer Betrag (1%).

Der zweite Abschnitt umfaßt drei volle Jahre (1792—1794); auch hier schwankt die halbjährliche Entwertung in sehr engen Grenzen (15—17%). Jedoch gibt es hier eine sehr große Zacke nach unten; vom Januar bis zum Juli 1793 fällt der Wert der Assignaten um volle 55%; dafür erhöht er sich vom Juli 1793 bis zum Januar 1794 um 74% gegen den Julikurs. Für beide Halbjahre beträgt die Entwertung also bloß 22% oder im Durchschnitt 11% je Halbjahr. Aber so wie sie in den drei Halbjahren vorher je 15—17% betrug, so auch in dem Halbjahr nachher.

Den letzten Abschnitt endlich, der von den letzten drei Halbjahren gebildet wird, charakterisiert eine zusammenbruchartige Beschleunigung der Entwertung: im ersten Halbjahr verdreifacht sich die Geschwindigkeit, die Entwertung beträgt 47%, in den weiteren zwei verdoppelt sie sich nahezu, ebenfalls mit einer eigenartigen Konstanz des erreichten Satzes von 83—85%.

Um jene Unstetigkeit, die durch die Zacke der Jahre 1793 und 1794 in den Verlauf der Entwertungskurve hereingetragen wird, auszuschalten, vergleichen wir den Wert der Assignaten in jährlichen Abständen miteinander.

Tabelle 7.

	Durchschnittskurs für den Januar jeden Jahres	Entwertung (—) gegenüber der vorhergehenden Angabe	
	Livre	absolut (Livre)	relativ (%)
1	2	3	4
1790	96	— 4	— 4
1791	91	— 5	— 5
1792	72	— 19	— 21
1793	51	— 21	— 29
1794	40	— 11	— 22
1795	18	— 22	— 55
1796	0,46	— 17,54	— 97,5

Diese Übersicht bestätigt im allgemeinen durchaus das erste Bild. In den ersten beiden Jahren beläuft sich die Entwertung auf 4—5%;

dann folgen drei Jahre, in denen sie 21—29% beträgt; die letzten drei Jahre endlich bringen eine Verdopelung und Vervierfachung des Satzes; im Jahre 1794 (hauptsächlich, wie wir aus der vorhergehenden Tabelle sahen, in der zweiten Hälfte des Jahres 1794) erreicht er 55% und im Jahre 1795 sogar 97½%.

Und merkwürdig ist nun folgendes: die mittleren drei Jahre voller Entwicklung der Emissionspolitik (1792—1794) ergeben für die jährliche Entwertung der Valuta einen Durchschnittssatz von $¼—⅕$ ihres realen Wertes (21—29%) zu Anfang des Jahres.

Oben haben wir apriorisch abgeleitet, daß, wenn sich die Emissionswirtschaft unter normalen Umständen entwickelt, der Satz für die Entwertung der Valuta nichts anderes ist als ein Index für jenen Teil von Sachwerten, die es dem Staate gelingt, mit Hilfe des Emissionsapparates aus dem volkswirtschaftlichen Verkehr herauszupumpen.

Nun ist leicht einzusehen, daß $¼—⅕$ gerade der Bruchteil ist, den der Staatshaushalt am Vorabend der Revolution, als die Finanzwirtschaft auf Steuern beruhte, erforderte[1].

Der Unterschied liegt nur darin, daß an die Stelle des Schuldendienstes, der die größte Belastung des vorrevolutionären Budgets darstellte, in diesen Revolutionsjahren die Ausgaben für den Krieg traten.

4. Aus den Tabellen geht mit unwiderleglicher Klarheit hervor, daß seit der Mitte des Jahres 1794 und besonders seit dem Anfang des Jahres 1795 ein vollständiger Zusammenbruch der Assignatenwährung einsetzt; die Höhe der Entwertung in dieser Zeit kann durch innere Ursachen nicht erklärt werden.

Tatsächlich: wodurch kann man diesen unerwartet scharfen Kurssturz erklären? Durch einen neuen Ausbruch des kreditpolitischen Mißtrauens gegenüber den finanziellen Möglichkeiten Frankreichs, wie das schon 1793 der Fall gewesen war?

Aber dies war doch eine Zeit fortschreitender Reaktion: die Macht ging in schnellem Tempo in die Hände immer weiter rechtsstehender Gruppen über, welche die verschiedenen politischen Strömungen der ökonomisch einheitlichen siegreichen Bourgeoisie ausdrückten; die ökonomischen Experimente und Maßnahmen der Revolution wurden mit einer Hast liquidiert, die nur der Begierde der neuen Machthaber gleichkam, die Früchte der Bereicherung aus Bodenspekulationen, der

---

[1] Vgl. Kapitel I.

Pachtung der feudalen Institutionen der verkäuflichen Ämter, der Kriegslieferungen und der ganzen Warenkonjunktur der Zettelwirtschaft zu genießen. Es war die Zeit, in welcher der aufblühende Kapitalismus selbstsicher seine Stellungen und damit auch sein Finanzsystem befestigte.

Vom Standpunkte der Bourgeoisie aus gesehen besserte sich die allgemeine Wirtschaftslage schnell; die Versuche der sozialen Demokratie des Jahres 1793 wurden liquidiert. So eröffneten sich der kapitalistischen Entwicklung glänzende Aussichten und eine schnelle Besserung der finanziellen Lage des Landes war zu erwarten.

Schließlich war auch die militärische Lage durch die Siege der Revolutionsheere befestigt und verbessert worden.

Unter diesen Umständen mochten Gründe zum Mißtrauen gegen die finanziellen Möglichkeiten Frankreichs bestehen, aber ein größeres Mißtrauen konnte im Vergleich mit der vorhergehenden Zeit der Zerstörung aller kreditwirtschaftlichen und kapitalistischen Beziehungen doch überhaupt nicht in so katastrophalem Maße anwachsen.

Der Schlüssel darf also nicht hier gesucht werden.

Vielleicht liegt die Lösung dann in einer übermäßigen Vergrößerung der Geldmenge zu dieser Zeit, in der Überbelastung des Emissionsapparates selbst, wie die Geschichtschreiber der französischen Revolution und oft auch Geldtheoretiker meinen.

Untersuchen wir, wie die Emissionen wirklich die Entwertung des Papiergeldes beeinflußt haben. Leider weisen die Angaben, auf Grund deren diese Frage entschieden werden könnte, wesentliche Lücken auf. Genaue Zahlen für die monatlich ausgegebenen Beträge von Assignaten haben wir erst vom 1. Mai 1794 an. Für die vorhergehende Zeit verfügen wir nur über bruchstückhafte Angaben, von denen einige zweifellos nur annähernd richtig sind.

Diese Angaben, die wir aus verschiedenen Quellen schöpfen, ergeben folgende Zusammenstellung (siehe Tabelle 8 auf Seite 47).

Ein Vergleich der Spalten 3 und 5 zeigt deutlich, daß zwischen dem Tempo der Assignatenausgabe und dem der Entwertung keinerlei Parallelismus besteht. Die Ursache hierfür liegt nicht nur in kreditpolitischen Einflüssen, die auf den Assignatenkurs drückten. In diesem Zeitraum ist sogar das Anwachsen der Papiergeldmenge keinesfalls der entscheidende Faktor der Entwertung. Denn zu derselben Zeit, wo die Papiergeldmenge wächst, verringert sich die Menge des

Das Papiergeld der französischen Revolution 1789—1797. 47

Tabelle 8.

	Assignatenumlauf in Millionen Livre	Vermehrung (+) gegenüber der vorhergehenden Angabe (in %)	Kurs der Assignaten (100 Livre) in Metall (Livre)	Fall (—) gegenüber der vorhergehenden Angabe (in %)
1	2	3	4	5
1789 1. August	120	—	98	— 2
1790 1. Oktober	400	+ 233	91	— 7
1791 1. Juni	912	+ 128	85	— 7
1. Oktober	1151	+ 26	84	— 1
1. November	1250	+ 9	82	— 2
15. Dezember	1400	+ 12	77	— 6
1792 1. April	1550	+ 11	68	— 12
1. Mai	1650	+ 6	58	— 15
1. August	1800	+ 9	61	+ 5
22. September	1972	+ 10	72	+ 18
1793 1. Januar	2825,906	+ 43	51	— 29
1. Mai	3100	+ 10	52	+ 2
1. August	3775,846053	+ 21	22	— 58

Metallgeldes, das aus dem Umlauf verdrängt und von der Bevölkerung thesauriert wird. Die Gesamtmenge der Umlaufsmittel wächst durchaus nicht in dem Maße, wie Papiergeld ausgegeben wird.

Aber da diese Verdrängung sich langsam und allmählich vollzog und keinerlei genaue Angaben über die Etappen der Verminderung des umlaufenden Hartgeldes auf uns gekommen sind, so erscheint es heute als ganz unmöglich, das Anwachsen der ganzen Umlaufsmittelmenge zu bestimmen.

Indessen bleibt die Tatsache, daß diese Verdrängung sich in der zweiten Hälfte des Jahres 1794 vollendete, so daß am Ende des Jahres 1793 und in der ersten Hälfte des Jahres 1794 nur noch die Assignaten als Geld dienen.

Für die ganze weitere Zeit besitzen wir schon genaue und sehr vollständige Angaben über das Anwachsen der Papiergeldmenge.

Sie sind in der Tabelle 9 (S. 48) nach Angaben Ramels (1801) zusammengestellt.

Berechnet man das relative Anwachsen der umlaufenden Assignatenmenge und vergleicht es mit den Steigerungen des Metallpreises, in denen sich die Entwertung der Assignaten ausspricht, so erhalten wir eine überaus interessante Übersicht über das Auseinandergehen beider Linien (siehe Tabelle 10 auf S. 49).

Tabelle 9.

	Ausgegeben	Eingezogen und vernichtet	Im Umlauf	Kurs der Assignaten (100 Livre) in Metall
	in Tausend Livre			
1	2	3	4	5
1794 1. Mai ...	—	—	—	36 L.
1. Juni ...	8 092 439	2 150 407	5 891 479	36 „
1. Juli ...	8 296 219	2 214 167	5 942 042	34 „
1. August ..	8 577 705	2 268 967	6 082 052	34 „
1. September .	8 750 320	2 321 328	6 308 738	31 „
1. Oktober ..	8 997 588	2 379 291	6 428 992	29 „
1. November .	9 259 869	2 446 472	6 618 297	27 „
1. Dezember .	9 507 774	2 469 686	6 813 397	24 „
1795 1. Januar ..	9 747 212	2 518 393	7 038 187	21 „
1. Februar .	10 040 628	2 563 613	7 228 519	19 „
1. März...	10 431 453	2 607 793	7 477 015	17 „
1. April...	10 952 429	2 655 483	7 823 660	13 „
1. Mai ...	11 996 406	2 693 123	8 326 946	10 „
1. Juni ...	13 145 573	2 743 866	9 303 283	6 „
1. Juli ...	15 144 299	2 806 155	10 402 707	3 „ 10 Sou
1. August ..	17 466 553	2 928 019	12 338 144	3 „ 5 „
1. September .	19 098 303	3 023 122	14 538 533	2 „ 10 „
1. Oktober ..	21 106 216	3 226 878	16 075 181	1 L. 19 Sou 3 Denier
1. November .	23 902 164	3 425 698	17 879 338	— „ 16 „ 6 „
1. Dezember .	27 004 645	3 664 932	20 476 466	— „ 12 „ 6 „
1796 1. Januar ..	31 236 704	5 681 466	23 339 713	— „ 8 „ 9 „
1. Februar .	39 676 128	5 775 000	27 565 237	— „ 8 „ 9 „
1. März...	41 905 733	5 900 000	33 901 128	— „ 7 „ 9 „
1. April...	44 026 801	7 355 040	36 005 733	— „ 8 „ 3 „
1. Mai ...	45 339 579	8 851 646	36 671 762	— „ 7 „ — „
1. Juni ...	45 563 442	10 136 073	36 457 924	— „ 3 „ 9 „
1. Juli ...	45 578 809	11 070 050	35 427 369	—
1. August ..	45 578 810	12 506 341	34 508 750	—
8. September .	45 578 810	—	33 072 469	—

Diese Übersicht geht vom Mai 1794 aus, weil von diesem Zeitpunkt an die Quellen regelmäßig fließen, besitzt aber doch sehr realen ökonomischen Inhalt und eignet sich durchaus dazu, diese Stelle einzunehmen.

Gerade im Mai 1794 harmoniert nämlich der Zuwachs der Umlaufsmittelmenge so sehr mit dem Betrage der Entwertung der Geldeinheit, daß man denken kann, daß diesem Verhältnis keine verwickeltere Wechselwirkung ablenkender und die zu erwartende Harmonie störender Faktoren vorhergegangen ist:

Wirklich: die Umlaufsmittelmenge beträgt im Mai 1794 fast

Tabelle 10.

	Anwachsen des Assignatenumlaufes			Steigen des Preises für Metall (100 Livre) in Assignaten		
absolut (Livre)	im Vergleich mit		absolut (Livre)	im Vergleich mit		
		Mai 1794	dem jedesmal vorhergehenden Monat (in %)		Mai 1794	dem jedesmal vorhergehenden Monat (in %)
1	2	3	4	5	6	7
1794 1. Mai . . .	5 891 479	100	—	278	100	—
1. Juni . . .	5 942 042	101	+ 1	278	100	—
1. Juli . . .	6 082 052	103	+ 2	294	106	+ 6
1. August . .	6 308 738	107	+ 4	294	106	—
1. September.	6 428 992	109	+ 2	323	116	+ 10
1. Oktober . .	6 618 297	112	+ 3	345	124	+ 7
1. November .	6 813 397	116	+ 3	370	133	+ 8
1. Dezember .	7 038 187	119	+ 3	417	150	+ 10
1795 1. Januar . .	7 228 519	123	+ 3	476	171	+ 14
1. Februar . .	7 477 015	127	+ 3	526	189	+ 11
1. März . . .	7 823 660	133	+ 5	588	212	+ 12
1. April . . .	8 326 946	141	+ 6	769	277	+ 31
1. Mai . . .	9 303 283	158	+ 12	1 000	360	+ 30
1. Juni . . .	10 462 707	177	+ 12	1 667	600	+ 67
1. Juli . . .	12 338 144	209	+ 19	2 086	750	+ 31
1. August . .	14 538 533	247	+ 18	3 030	1 090	+ 45
1. September.	16 075 181	273	+ 11	4 000	1 439	+ 32
1. Oktober . .	17 879 338	303	+ 11	5 096	1 831	+ 28
1. November .	20 476 466	348	+ 15	12 121	4 360	+ 135
1. Dezember .	23 335 713	396	+ 14	16 000	5 791	+ 32
1796 1. Januar . .	27 565 237	468	+ 18	22 857	8 213	+ 43
1. Februar . .	33 901 128	575	+ 23	22 857	8 213	—
1. März . . .	36 005 733	611	+ 6	25 806	9 283	+ 13
1. April . . .	36 671 762	622	+ 2	24 242	8 720	—
1. Mai . . .	36 457 924	619	—	28 571	10 278	+ 15
1. Juni . . .	35 427 369	601	— 3	53 333	19 185	+ 46
1. Juli . . .	34 508 750	586	— 3	—	—	—
1. August . .	33 072 469	561	— 4	—	—	—

6 Milliarden Livre, d. h. fast das Dreifache der normalen Umlaufsmittelmenge des damaligen Frankreich, die sich im Anfang der Revolution auf 2—2$\frac{1}{5}$ Milliarden (Metall) belief. Andererseits war der Kurs der Assignaten auf 36% des Nominalwertes gesunken oder, was dasselbe ist, der Preis für 100 Livre Metall war auf 278 Livre in Assignaten, d. h. auf fast das Dreifache gestiegen.

Der Wert der gesamten Geldmenge war also ebenso groß geblieben, wie er vor der Revolution war: die Vergrößerung der Zahl der Geldeinheiten war ökonomisch durch die Verminderung des Wertes der Geldeinheit kompensiert.

Aber diese Wiederherstellung des Wertes der gesamten Umlaufsmittelmenge war möglich nur, weil das Münzgeld völlig aus dem Umlauf verdrängt wurde und aufhörte, als Geld zu dienen.

Diese gesetzmäßige Konstanz hätte weiterbestehen müssen: die Entwertung der Assignaten hätte sich als bloßer ökonomischer Ausdruck der Vergrößerung des Papiergeldumlaufes nur den folgenden Papiergeldausgaben anpassen und mit diesen gleichen Schritt halten müssen.

In Wirklichkeit erfolgt indessen etwas ganz anderes. Die Entwertung beginnt sich immer schneller als die Papiergeldausgaben zu vollziehen und nimmt schneller zu als der Papiergeldumlauf.

Dies ist ganz anschaulich aus dem Diagramm Nr. 2 zu ersehen, das die parallele Entwicklung der umlaufenden Papiergeldmenge und der Entwertung der Papiergeldeinheit (in Gestalt des steigenden Metallpreises) bis zur Mitte des Jahres 1795 zeigt (siehe Seite 51).

Wollten wir dies Diagramm bis Mitte 1796 fortführen, so wäre zwar die Kurve des Papiergeldumlaufes ganz auf ihm unterzubringen und würde die obere Grenze nicht erreichen (der Zuwachs betrug 38 Milliarden oder 1900%); um aber die Entwertungskurve einzuzeichnen, müßten wir 15 mal so viel Raum für die Zeichnung haben, denn die Entwertung erreicht 30 000%.

Diese tabellarischen und graphischen Vergleiche zeigen deutlich, daß im Laufe des ganzen letzten Abschnittes der Geschichte der Assignaten die Entwertung die Papiergeldausgabe um das Vielfache übertrifft. Das bedeutet aber, daß die Papiergeldvermehrungen nicht die Ursache dieser katastrophalen Entwertung sein können, wie die Nationalökonomen, die sich mit der Geschichte der französischen Assignaten beschäftigt haben, einstimmig behaupten. Umgekehrt: die Vergrößerung der Papiergeldausgabe bleibt weit hinter der fortschreitenden Entwertung zurück und wird durch diese ökonomisch erzwungen.

Das französische Papiergeld entwertet sich gewaltig nicht deshalb, weil seine Menge übermäßig vergrößert wird, sondern umgekehrt: das Papiergeld wird gewaltig vermehrt, weil seine Entwertung viel mehr und über alles Maß fortschreitet.

Aus dieser unvermeidlichen Schlußfolgerung ergibt sich weiter ebenso unzweifelhaft, daß die Ursache für diese gänzliche Entwertung der Assignaten irgendwo außerhalb zu suchen ist, daß der Zusammen=

Diagramm Nr. 2.

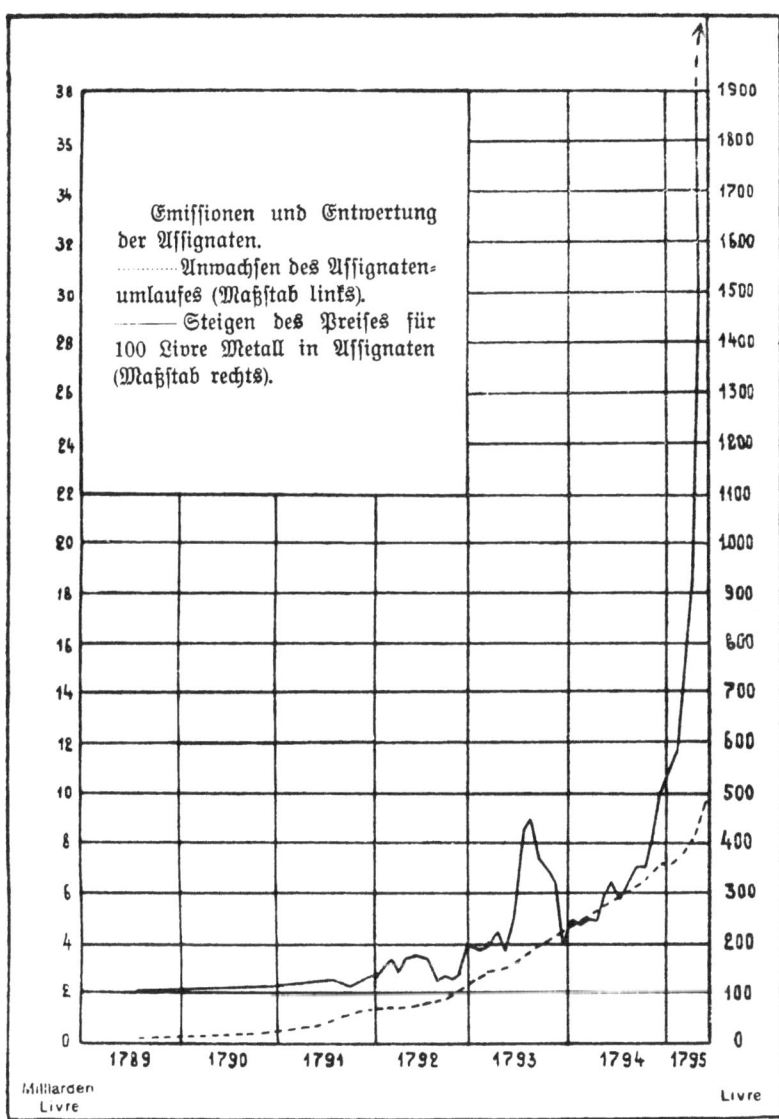

bruch des Assignatenumlaufes durch irgendwelche neue, von außen hinzutretende Faktore hervorgerufen worden ist.

Und die Untersuchung der ökonomischen Umstände, unter denen dies Ereignis eingetreten ist, erlaubt es, die entscheidenden Ursachen anzugeben.

5. Wie wir schon sagten, hielt in dieser Zeit eine ökonomische Reaktion Schritt mit einer politischen und überholte sie sogar. Sie fand ihren Ausdruck in einer hastigen Abschaffung aller ökonomischen Institute der Revolution. Diese war um so leichter, als die Wirtschaftspolitik der Jakobiner nur als Mittel zu rein politischen Zielen durchgeführt worden und ziemlich ungeschickt gewesen war: sie hatte, anstatt die Entwicklung der Gesellschaftswirtschaft nach den Verhältnissen der Zeit zu fördern, zu Stauungen geführt. Aber die Reaktion des Thermidor hielt nach Beseitigung der wirklich schädlichen Hemmungen nicht ein und kümmerte sich nicht um die Anpassung der geschaffenen Einrichtungen an die neuen Zeitverhältnisse. Sie ging über die ganze Linie dieser Einrichtungen hinweg. Die Losung war die möglichst vollständige Vernichtung der ökonomischen Erbschaft der Revolution.

Dieser Umschwung, der sich schon bald nach dem Sturz Robespierres zu erkennen gab, erfolgte mit solcher Kraft, daß die Gesetzgebung der Revolution ohne Sanktionierung durch die Gesetzgebung unmittelbar durch die wirtschaftlich herrschenden Bevölkerungsgruppen abgeschafft zu werden begann.

Wenn die Auflösung des Systems der Höchstpreise, deren erstarrte Normen noch weiter hinter der schnellen Entwicklung der geldwirtschaftlichen Verhältnisse zurückgeblieben waren, schon zur Zeit des Terrors ziemlich weit vorgeschritten war, so war auf dem Gebiete des eigentlichen Geldwesens die Lage viel besser: die Assignaten waren wirklich zum einzigen Umlaufsmittel Frankreichs geworden.

Das hatte ihren Wert nicht nur befestigt, sondern ihn auf den festen Boden der Proportionalität zur ausgegebenen Geldmenge gestellt. Nicht nur war er gerade am Vorabende des Sturzes Robespierres verhältnismäßig besser als je geworden, er brachte auch absolut genau die ökonomischen Mengenverhältnisse zum Ausdruck: im Mai bis Juni 1794 belief sich die Geldmenge auf das Dreifache, der Wert der Geldeinheit auf ein Drittel.

Aber als die Reaktion des Thermidor, wie wir schon sagten, das Steuer der Wirtschaftspolitik scharf herumwarf und klar alle Einmischungen des Staates in das Wirtschaftsleben des Landes ablehnte, da fiel mit anderen Normen auch die Vorschrift über die obligatorische Gleichwertigkeit der Assignaten mit dem Münzgeld gleichen Nominalwertes. Und da hauptsächlich diese gesetzliche Bestimmung das Metall aus dem Umlauf verdrängt hatte, so begann das Metall, das in den Truhen und Kasten verborgen gewesen war, mit zunehmender Geschwindigkeit die Geldfunktionen wieder zu übernehmen. Und zwar wurde es natürlich in Assignaten mit dem Vielfachen seines Nominalwertes bewertet. Nicht genug damit, die Assignaten selbst begann man bald offen in Metall nach ihrem illegalen Kurse zu notieren.

Was die Quelle anlangt, aus der dieser ganze Metallstrom hervorbrach, so zeigten die Schnelligkeit und die Vollständigkeit, mit welcher der Metallumlauf in Frankreich wiederhergestellt wurde, daß das Münzgeld fast ganz durch die örtliche Bevölkerung thesauriert worden war und der Abfluß ins Ausland, den die zeitgenössischen Nationalökonomen so fürchteten, Frankreich nur einen verhältnismäßig geringen Teil seines Metallbestandes entzogen hatte.

Diese eigenmächtige „Metallemission" war so stark, daß weder frühere noch spätere Papiergeldemissionen sich mit ihrer Wirkung vergleichen konnten.

Indem das Münzgeld die zirkulatorischen Funktionen übernahm, zerstörte es als Geld von innerer Wertbeständigkeit die zirkulatorische Basis des Wertes der Papierassignaten, deren Stoff keinerlei Eigenwert besaß. Sobald die Umlaufsmittelmenge des Landes um den ganzen Betrag des wieder in den Umlauf eintretenden Metalles wuchs, brauchte der Verkehr die wertunbeständigen Zettel nicht mehr. Deren Wert beruhte aber einzig und allein auf ihrer zirkulatorischen Verwendung als Mittel des Warenumsatzes und Ausdruckes des Wertes der Waren. Hieraus wird jene katastrophal fortschreitende Entwertung verständlich, welche die Assignatenmasse seit dieser Zeit erleidet.

Das ist die Ursache für den Kurssturz: eine ganz andere, als man gewöhnlich meint.

6. Die allgemeine Preissteigerung von 1790 bis Ende September 1795 charakterisiert die Zusammenstellung der „Gazette Française" vom 3. Vendémiaire des Jahres IV, aus der wir die bezeichnendsten Angaben anführen. Dabei drücken wir die neuen Preise in Vielfachen der alten (Preissteigerungskoeffizienten) aus.

Tabelle 11.

Waren	Preis in Livre		Preis-steigerungs-koeffizient
	1790	1795	
1 Scheffel Mehl	2	225	112½
1 " Bohnen	4	126	31½
½ Flasche Orleans-Wein	80	2400	30
Flößholz	20	500	25
1 Scheffel Holzkohle	— 7 Sou	10	29
1 Paar Strümpfe	3	100	33⅓
1 Elle Elbeufer Tuch	18	306	17
Generalindex für 24 Gegenstände	164 L. 17 S.	5642 L.	34

Der durchschnittliche Kurs der Assignaten in Metall war im September 1795 allerdings gleich 2,08 Livre, so daß der Entwertungskoeffizient auf Metall bezogen schon fast 50 betrug, während er nach den angegebenen Warenpreisen nur 34 beträgt.

Indessen ist zu bemerken, daß der letztere Koeffizient die Entwertung der Assignaten bezüglich der Waren nicht in vollem Maße zum Ausdruck bringt, denn die „Generalindizes" der angeführten Zeitung stellen eine mechanische Summierung der Preise für vierundzwanzig Gegenstände dar, bei der die verhältnismäßige ökonomische Bedeutung der einzelnen Waren unberücksichtigt geblieben ist.

Während nun die Preise der meisten Waren auf das 25—30fache (Tuch sogar nur auf das 17 fache) gestiegen sind, hat sich der Preis für den Hauptgegenstand des Warenverkehrs, für das Mehl, auf das 112½ fache erhöht. Und wie die Bedeutung dieser Ware die der dreiundzwanzig anderen zusammengenommen bei weitem überstieg, so war auch der wirkliche aus den Warenpreisen zu berechnende Geldentwertungskoeffizient viel höher.

Schon wenn man bloß den teuren Orleans-Wein streicht, der fast die Hälfte der beiden angeführten Indizes ausmacht, aber für den Wert der gesamten Warenmenge des Landes nur sehr wenig ins Gewicht fällt, so ergeben die dreiundzwanzig anderen Warengattungen 84 Frank 17 Sou für das Jahr 1790 und 3242 Frank für das Jahr 1795, d. h. eine Steigerung auf das 38 fache.

Jedenfalls ist der Koeffizient für Brot viel höher als für alle anderen Waren, aber auch für das Metall.

Und hierbei lohnt es sich, ein wenig zu verweilen. Wodurch war dieser übernormale Koeffizient bedingt? Etwa durch die allgemeine Lebensmittelkrise der Revolution? Aber gerade die Ernte des Jahres 1795 war unerwarteterweise sehr gut. — Dann vielleicht dadurch, daß die Lebensmittel bei der allgemeinen Unsicherheit der ökonomischen Lage relativ die größte Bedeutung hatten? Auch dieses Moment darf als paralysiert gelten. Zu dieser Zeit war der Verfall der französischen Industrie so groß, daß der Markt für Fabrikate viel leerer als der für Lebensmittel war.

Eine Antwort auf diese Frage finden wir, wenn wir diese übernormale Steigerung des Brotpreises der des Preises für Tuch gegenüberstellen, also für den Gegenstand des Massenbedarfs, bei dem der Index hinter dem Durchschnitt zurückbleibt.

Wir erhalten dann folgende Übersicht:

Waren	Preissteigerungskoeffizient
Mehl	112½
Bohnen, Holz, Kohle, Strümpfe	etwa 30
Tuch	17

Die beiden äußersten Elemente des neuen „Preissystems" weichen in entgegengesetztem Sinne scharf von dem durchschnittlichen Preisstand ab; darin kommen nicht Veränderungen in den Produktions- oder Angebotsverhältnissen für diese Waren, sondern vor allem Veränderungen in der Struktur der gesellschaftlichen Nachfrage zum Ausdruck.

Die Papiergeldausgabe führt in erster Linie zu einem Zurückbleiben des Preises der Arbeit hinter dem Preise der Waren, und dies führt seinerseits zu einer Neuverteilung des Volkseinkommens. Soweit dieses aber die gesellschaftliche Konsumtion bestimmt, drückt sich jener Vorgang in einer Neuverteilung der Nachfrage aus. Der Rückgang des Einkommens der besitzlosen Gruppen zwingt diese, ihren Verbrauch einzuschränken: sie müssen auf Gegenstände weniger dringenden Bedarfs zugunsten der, die sie am dringendsten benötigen, verzichten. Die Nachfrage nach solchen Gegenständen des Massenverbrauchs, die weniger dringend benötigt werden (und dazu gehört vor allem die Kleidung), geht zurück, die Nachfrage konzentriert sich auf lebensnotwendige Gegenstände (und unter diesen vor allem auf Nahrungs=

mittel). Mit dieser sozialen und sachlichen Neuverteilung der Nachfrage verschieben sich auch die Preise.

Es ergeben sich folgende Tendenzen: die wichtigsten Gegenstände des Massenbedarfs steigen im Preise stärker, die weniger wichtigen schwächer, als sich das Geld entwertet. Die Gegenstände begrenzter Nachfrage, deren Verbrauch sich auf die besitzenden Oberklassen beschränkt, erleiden die durchschnittliche Preissteigerung. Denn das Vermögen dieser Gruppen im ganzen vermindert sich nicht, es verteilt sich nur neu unter die einzelnen Gruppen und vermehrt sich bei einem gewissen Teile. Deshalb steht der Preissteigerungskoeffizient für Orleans-Wein — einen Gegenstand wenn nicht des Luxus, so doch des Verbrauches der wohlhabenden Schichten — ebenso hoch wie der durchschnittliche Preissteigerungskoeffizient für die angeführten Artikel.

Die Konzentration der Nachfrage auf die Mittel zur Befriedigung der bringendsten Bedürfnisse und besonders auf das Brot bei Verminderung des Wohlstandes der breiten besitzlosen Volksmassen illustriert besonders anschaulich folgender interessante Umstand.

Die Preise sind unter diesen Verhältnissen krampfhaften Zuckungen unterworfen nicht nur soweit sie in Papiergeld, sondern auch soweit sie in Metall ausgedrückt werden.

In der zweiten Hälfte des Jahres 1795 hat schon jedes Departement, und nicht selten sogar jede Ortlichkeit, einen eigenen Assignatenkurs in Metall, der oft beträchtlich von dem der Nachbarn abweicht.

Die Waren werden gleichzeitig in Assignaten und in Metall bewertet.

Und der Brotpreis in Assignaten nun steigt mit unwahrscheinlicher Geschwindigkeit. Rechnet man ihn aber nach dem Metallkurs um, so zeigt sich, daß er in schwindelerregender Zickzackbewegung bald steigt, bald fällt.

So große Schwankungen könnten bei einigermaßen normalen Nachfrageverhältnissen nicht auftreten (das Angebot bleibt unverändert, denn es handelt sich um eine Produktions- und Beschaffungsperiode). In Abständen von 1½—2 Monaten fallen die Brotpreise auf 40—33 %, steigen wieder und fallen dann von neuem, und das ausgedrückt in der wertbeständigen Geldeinheit (dem Münzgeld).

Als Beispiel führen wir hier die amtlichen Angaben der Verwaltung des Departements Eure über den Preis für einen Zentner Weizen im

Jahre IV (1795—1796) der Republik an; wir rechnen die Daten nach dem gregorianischen Kalender um und drücken die veränderten Preise in Prozenten aus.

Tabelle 12.

	Preis eines Quintals Weizen			
	in Assignaten		in Münzgeld	
	absolut (Livre)	relativ	absolut	relativ
1	2	3	4	5
1795 16. Oktober	122	100	2 L. 05 Sou	100
14. November	155	127	1 „ 11 „	69
5. Dezember	160	131	— „ 18 „	40
12. Dezember	225	184	1 „ 06 „	58
22. Dezember	310	254	1 „ 10 „	67
1796 23. Januar	600	492	2 „ 05 „	100
6. Februar	700	574	3 „ — „	133
27. Februar	775	635	2 „ 10 „	111
20. März	950	779	2 „ 08 „	107

Es ist sehr leicht zu verstehen, wie solche Paroxysmen der Preise auf die Lage der breiten Volksmassen einwirken mußten. Und dabei zeigen die archivalischen Quellen, daß jene amtlichen Angaben gegenüber den wirklichen Brotpreisen zu niedrig sind.

„Wenn der Verkauf nicht auf dem Markte, sondern im Hause vor sich ging, so setzten die Eigentümer die schrecklichsten Preise fest, um die Assignatenbesitzer zu entmutigen.

„Zum Beispiel sehen wir, daß in Rugles der Quintal Korn nicht billiger als für 1500 Livre (6 Livre 18 Sou in Metall) zu bekommen war. Im Ventôse des Jahres IV (Februar/März 1796) nahmen die Landwirte ihre Säcke vom Markt in Vernon wieder mit nach Hause, weil sie keine Käufer fanden, denn sie forderten 350 Livre für den Scheffel, d. h. 1092 Livre für den Quintal.

Und die Preissteigerung verschärfte sich von einem Monat zum andern: So kostete am 14. Ventôse (9. März) im Departement Eure der Quintal Korn 6000 Livre in Assignaten (19 Livre 10 Sou in Münzgeld).

Die Rationen Mehl oder Reis, welche die örtliche Verwaltung verteilte, wurden wie folgt bewertet. Die Ortschaft Pont-de-l'Arche bezahlt 8000 Livre für den Quintal Weizen. Und das, um mit Mühe

5 Unzen Brot je Kopf für eine Summe von 22000 Livre verteilen zu können" (Evrard).

7. Wie hat schließlich die Geldentwertung und die Preissteigerung auf den Arbeitslohn jener Zeit eingewirkt?

Wenn wir die Angaben J. Tarles[1] über die Lohnsätze der staatlichen Gobelinmanufaktur, die auf archivalischen Forschungen beruhen, zusammenstellen, so erhalten wir folgende Übersicht über die Tagelöhne.

Tabelle 13.

Seit	Arbeiterkategorien				
	I	II	III	IV	V
	Livre täglich				
1. Januar 1791	4	3½	3	2½	2
4. September 1794	7	6	5	4	
23. Februar 1795	9⅓	8	6⅔	5⅓	
Ende Juni 1795	12⅓	11	9⅔	8⅓	
27. Juli 1795	15,34	14	13,67	12	
5. September 1795	20,34	19	18,67	17	

Zweierlei fällt an dieser Tabelle auf. Erstens bleibt der Lohn weit hinter den Kosten der Lebenshaltung zurück. Bis zum September 1794 bleibt der Verdienst genau so, wie er Anfang 1791 war, obgleich die Preise sehr beträchtlich gestiegen waren.

Ende des Juli 1795 reichten die Arbeiter eine flehende Bittschrift ein, in der sie erklärten: trotz der kürzlich erhaltenen Zulage von 3 Livre könnten sie so nicht mehr leben; alles, was sie konnten, hätten sie verkauft oder versetzt usw.

Im August desselben Jahres schreiben sie in einer neuen Bittschrift: Kaum hätten sie die letzte Zulage erhalten, als sie ihre Wirkung schon nicht mehr hätten ausnützen können, denn die schreckliche Höhe, auf welche die Preise für alles, was zur Nahrung oder Kleidung gehöre, hinaufgetrieben worden seien, habe durch sie nicht ermäßigt werden können. Die Lebenshaltung sei, sagten sie, 20-, 40- und sogar 100 mal so teuer geworden wie früher.

---

[1] Rabočije nacional'nych manufaktur vo Franziji v epochu revoluciji. (Die Arbeiter der staatlichen Manufakturen in Frankreich in der Zeit der Revolution.) S. 27—63. St. Petersburg 1908.

Von der Richtigkeit dieser Behauptung kann man sich leicht überzeugen, wenn man die letzten Lohnsätze, die nach der neuen Erhöhung Anfang September 1795 galten, mit der Tabelle Nr. 11 vergleicht, in der wir die Steigerung der Warenpreise für denselben Zeitraum gezeigt haben.

Während die Warenpreise im arithmetischen Mittel auf das 34 fache und nach dem ökonomischen Mittel auf mehr als das 40 fache gestiegen sind, stieg der Lohn der geringstqualifizierten Arbeiter auf das $8\frac{1}{2}$ fache und bei den höchstqualifizierten sogar auf nur das 5 fache.

Zweitens zeigt unsere Tabelle ebenso deutlich die Ungleichmäßigkeit der Lohnerhöhungen für verschieden qualifizierte Arbeit. Schon die erste Zulage im Jahre 1794 verringert die Spannung zwischen den höchsten und den niedrigsten Lohnsätzen. Die zweite Zulage erhöht alle Sätze um ein Drittel, d. h. die Spannung wird weiter in gleichem Maße verringert. Die weiteren Zulagen aber verringern die Spannung viel stärker, denn sie erhöhen alle Lohnsätze, einerlei wie hoch, um den gleichen Betrag: zwei Zulagen von 3 Livre täglich und eine von 5 Livre (die zweite der letzten drei Zulagen weicht sogar von dem schon beinahe üblichen Grundsatz arithmetischer Gleichheit zugunsten der weniger qualifizierten Arbeit ab: die oberen beiden Klassen erhalten 3 Livre Zulage, die dritte 4 und die vierte $3\frac{2}{3}$ Livre).

So ergibt sich folgendes Bild. 1791—1794 betrug die Spannung zwischen dem Lohn der qualifizierten und dem der einfachen Arbeit 100%, im September 1795 nur noch 20%. Mit anderen Worten: das Maß der Ausbeutung der qualifizierten Arbeit stieg um 5 mal so viel als das der einfachen.

Die weiteren Zulagen nach dem September 1795 naturalisierten den Arbeitslohn teilweise. Die Arbeiter behielten dieselben Geldlöhne, erhielten aber dazu:

seit dem 23. Oktober 1795: je $\frac{1}{2}$ Pfund Brot, $\frac{1}{2}$ Pfund Fleisch und 1 Maß Holz am Tag;

bald nachher: dieselbe Menge Brot und Fleisch je Familienmitglied.

Vom 18. April 1796 ab, nach der Ausgabe der Mandate, begann man, den Lohn zu zwei Dritteln in Mandaten und zu einem Drittel in Assignaten auszuzahlen. Im Jahre 1798 endlich, nach der Rückkehr zum Münzgeld, wurden im Vergleich mit den Sätzen des Jahres 1791 folgende (Jahres-) Lohnsätze festgesetzt:

Tabelle 14.

Arbeiter-klassen	1791	1798	1799
I	1248 Fr.	1000 Fr.	1124 Fr.
II	1092 "	880 "	940 "
III	936 "	800 "	840 "
IV	780 "	650 "	720 "

Während die Gegenstände des dringenden Bedarfes im Jahre 1798 um 50% teurer als 1791 geworden waren, war der Arbeitslohn um 25% gesunken. Und dazu waren die von den Arbeitern zu entrichtenden Steuern auf das 6fache gestiegen: im Jahre 1790 zahlten die Arbeiter 1,30 Livre, 1797 aber 7,20 Livre (anscheinend im Monat). Außerdem hatten nach dem Gesetz vom 23. Dez. 1799 alle vom Staat bezahlten Personen 5 Centime von jedem Frank, d. h. ein Zwanzigstel ihrer Bezüge, zu zahlen [1].

Drittes Kapitel.
Das Ende des Papiergeldes.

1. Mitte 1795 nahmen die Schwankungen des Assignatenkurses einen ganz ungewöhnlichen Charakter an. Im Laufe von 1—2 Stunden pflegte ihr Kurs um 20—25% zu fallen und manchmal auch zu steigen.

Der Louisdor, den man um 11 Uhr mit 200 Livre in Assignaten bewertet hatte, stand um 12 schon auf 250 Livre.

Noch etwas später erreichten die Schwankungen schon 500—1000 Livre täglich für 100 Livre Münzgeldes.

---

[1] Eine ganze Reihe von Fragen von großer historischer und theoretischer Bedeutung, wie z. B. die Geschichte der Preisnormierung (Höchstpreisgesetzgebung) und der Regulierung des Produktions- und des Tauschprozesses, die Einführung von Naturalsteuern, die Maßnahmen, die alle Aktien, Obligationen und anderen Wertpapiere aus dem Verkehr entfernen sollten, weil diese mit den Assignaten konkurrierten und deren Bewertung drückten; alle andern Waffen gegen die Entwertung sowie auch eine Reihe von interessanten Projekten, welche das Geld- und Finanzwesen trotz des Prozesses der Entwertung regeln sollten, usw., müssen wir hier leider unerörtert lassen, weil sie über die dieser Abhandlung gezogenen Grenzen hinausgehen.

Irgendein Ausweg mußte gefunden werden, aber keiner von den sich darbietenden Wegen erschien befriedigend.

Man kann sagen, daß seit dem Frühjahr 1795 die Probleme des Geld- und Finanzwesens in den Vordergrund des Interesses der französischen Gesellschaft treten und alle anderen Zeitfragen in den Schatten stellen. Die Erregung der Geister erreicht einen unerhörten Grad, und das Denken wendet sich mit mehr Anspannung als je zuvor der Nationalökonomie zu. Das Problem der Assignaten wird nach allen Seiten und in vollem Umfange behandelt: es gibt kaum ein Moment, das nicht in irgendeiner Verbindung zu dieser Zeit diskutiert worden wäre, so daß der ganze Kreis der Gedanken, der mit der Frage des Papiergeldes zusammenhängt und zum Besitz der ganzen Folgezeit, auch der Gegenwart geworden ist, damals umrissen wurde. Zwei Hauptfragen wurden damals aufgeworfen.

Das war erstens das Problem der Reorganisation des Geldwesens und zweitens das des Aufbaues eines neuen Finanzapparates.

Das zweite, das finanzielle Problem ist im allgemeinen für jeden Staat, der seine Ausgaben durch Papiergeldausgabe bestreitet, am gefährlichsten, zu jener Zeit aber trat es zwar nicht gerade in den Hintergrund, wurde aber von den Fragen des Assignatenumlaufes losgelöst.

Das lag daran, daß seit dem Frühjahr 1795, wie gezeigt, die Entwertung der Assignaten etwa 10 mal so schnell erfolgte als der Zetteldruck, der doch mit äußerster Anspannung betrieben wurde.

Dem Staat brachte der Zetteldruck also nur den zehnten Teil von dem ein, was er von ihm erwartete. Er mußte seine Ausgaben vermindern, und das wurde durch Friedensschlüsse mit einer ganzen Reihe von Mitgliedern der europäischen Koalition (Preußen, Holland, Spanien und Toskana) erleichtert.

Das Problem der Reorganisation des Geldwesens zerfiel in zwei Teile: einen **zirkulationstechnischen** und einen **sozialökonomischen**.

Der erste umfaßte die technischen Methoden, mit welchen der Übergang von den Assignaten zu irgendeinem anderen Umlaufsmittel vollzogen werden konnte, der zweite hatte diese Methoden mit den sozial-ökonomischen Interessen in Einklang zu bringen, welche die verschiedenen Bevölkerungsgruppen hatten, einerseits, insofern sie bestimmte Assignatenmengen besaßen, andererseits, insofern sie in das ganze System der auf den bisherigen Grundlagen erwachsenen kreditwirtschaftlichen Verhältnisse verflochten waren.

Was das erste Moment anlangt, so waren logisch hier drei Auswege denkbar. Um den die Volkswirtschaft zerrüttenden Einfluß der Emissionen überhaupt und besonders der unwahrscheinlichen Kursstürze dieser Zeit zu beseitigen, konnte man entweder dem Geld alle oder einige seiner Funktionen als Tauschmittel entziehen oder zur Metallwährung zurückkehren oder endlich eine neue stabile Papierwährung schaffen.

Von einer völligen Naturalisierung des Tauschverkehrs und der Abschaffung der Geldzeichen überhaupt konnte natürlich gar keine Rede sein; eine teilweise Naturalisierung aber, wie Jean=Bon sie vorschlug — den Wertmaßstab zu naturalisieren und den Assignaten nur die Funktion des Tauschmittels zu belassen —, wurde vom Konvent abgelehnt und hätte sich in der Praxis nur mit ungeheuren Schwierigkeiten durchführen lassen.

Wollte man aber die Assignaten durch andere Geldzeichen — aus Metall oder Papier — ersetzen, so mußte erst die Form gefunden werden, in der man die umlaufende Assignatenmenge ganz oder teilweise liquidieren konnte.

Drei solcher Formen sind zu unterscheiden:
1. Herabsetzung des legalen Wertes des Papiergeldes (Devalvation und Annullierung),
2. Verengerung seines Geltungsbereiches (Spezialisierung der Funktionen, Umtausch gegen Schuldverschreibungen),
3. Verringerung der umlaufenden Menge (zwangsweise Einziehung eines Teiles).

Die erste dieser Arten der Einwirkung geht auf den Wert, die zweite auf den Umlauf, die dritte auf die Quantität.

Jede von ihnen kann total oder partial sein; jede kann mit Hilfe verschiedener technischer Methoden erfolgen; jede hat eine ganze Reihe sozial=ökonomischer Folgen, die vorauszusehen und in Rechnung zu stellen die wichtigste Aufgabe bei der Aufstellung des Planes zu der durchzuführenden Reform ist.

2. Was die Herabsetzung des legalen Wertes der Assignaten angeht, so dachte im Jahre 1795 noch niemand an ihre völlige Annullierung. Noch war ihre Bedeutung für den Warenverkehr zu groß, wenn auch

ihre reale Bewertung schwankte und der Metallumlauf schnell zunahm.

Dagegen wird viel und gern von einer Devalvation, d. h. von einer Herabsetzung der gesetzlichen Zahlungsbedeutung gesprochen.

Auf einmal sollte die Devalvation nach den Vorschlägen z. B. des Abgeordneten Hauffmann erfolgen, der dem Konvent empfahl, den Wert der Assignaten bei Warengeschäften auf drei Viertel ihres Nominalbetrages und auf ein Viertel bei Zahlungen für Nationalgüter, von Steuern und für Lotterielose, für deren Gesamtbetrag er die Summe von 5 Milliarden Livre vorschlug, herabzusetzen. (Sitzung vom 19. Floréal des Jahres III.)

Eine ähnliche, nur etwas kompliziertere Operation plante der Abgeordnete Engerrand: der Zwangskurs der Assignaten sollte abgeschafft und ihr Wert auf drei Viertel herabgesetzt werden, dann sollten sie nach einiger Zeit zu drei Vierteln des restlichen Wertes gegen Hypothekenbriefe und zu einem Viertel gegen neu auszugebende Assignaten von 50, 100 und 200 Livre umgetauscht werden. (Sitzung vom 22. Floréal des Jahres III.)

Eine stufenweise Devalvation schlug der Abgeordnete Raffron vor, jeden Monat sollte der Nennwert der Assignaten um 1% herabgesetzt werden (Sitzung vom 18. Floréal des Jahres III). Danach würde der Wert der Assignaten nach 8 Jahren 4 Monaten gleich Null geworden sein.

Zahlreiche andere Devalvationsvorschläge, die zu verschiedenen Zeiten vorgebracht wurden, wollten den legalen Wert der Assignaten verschieden weit herabsetzen: bis auf den realen Wert der Ländereien, welche die Deckung bildeten (Bailleul am 22. Febr. 1796), auf ein Zehntel des Nominalbetrages (Camus am 23. Febr. 1796), auf ein Zwanzigstel (Perrin-Vosges in derselben Sitzung), auf ein Fünfundzwanzigstel (Isnard und Dauberménil am 25. Febr.), auf ein Vierzigstel (Bourdon-Cise am 5. März) und sogar auf ein Hundertstel (Dubois-Dubais am 9. März 1796).

Um eine faktische Devalvation handelt es sich immer bei der Frage einer Höherbewertung der zu verkaufenden Nationalgüter, die ja nicht nur juristisch das Pfand für die Vollwertigkeit der Assignaten darstellten, sondern bei den geringen Steuereinnahmen auch faktisch die Hauptquelle waren, aus der die Assignaten wenigstens zeitweilig in die Kassen des Staates zurückströmten. Die rechte Opposition nennt dies mit einem Ausdruck, der sich damals der größten Popularität erfreute und in den verschiedensten Bedeutungen gebraucht wurde, eine „faktische Demonetisierung".

Den Haupteinwand gegen alle Devalvationsprojekte formulierte Vernier: „Diese Maßnahme wäre gerecht nur, wenn der Assignatenbesitz aller Bürger ihrem Wohlstand, ihrem Vermögen entspräche und den Steuern proportional wäre, die sie zur Deckung der Staatsausgaben tragen sollen. Aber diese Bedingung ist in der Wirklichkeit nicht gegeben."

Jedoch war dieser Einwand damals nicht mehr durchschlagend. Denn der tatsächliche Kurs der Assignaten lag schon weit unter den Beträgen, auf die sie devalviert werden sollten. Die Steuereingänge waren sehr spärlich, daher konnten die Zahlungen an den Staat neben den sonstigen Ausgaben der Steuerzahler nicht sehr ins Gewicht fallen; sie durch die Devalvation zu erhöhen, wäre eine rein finanzielle, nicht eine vermögenspolitische Maßnahme gewesen. So berührte die Devalvation hauptsächlich die Interessen der Erwerber von Nationalgütern, und diese bildeten zweifellos den zahlungsfähigsten und wohlhabendsten Teil der Bevölkerung.

Als der Abgeordnete Coupé (Nord) auf Bourdons Devalvationsvorschlag (beim Verkauf von Nationalgütern die Assignaten mit $1/40$ des Nennwertes anzurechnen) mit dem Ruf: „Das ist der Bankrott!" antwortete, entgegnete ihm Bourdon mit Recht: „Man kann Bankrott nicht einen Entwurf nennen, der den Wert von Zetteln wieder auf $1/40$ erhebt, die schon auf $1/300$ gefallen sind."

Den zweiten Gedanken, den einer Verengerung des Anwendungsbereiches der Assignaten, entwickelte mit besonderer Beharrlichkeit Johannot, der dem Konvent in mehreren Berichten vorschlug, die Assignaten gegen speziell zu diesem Zweck auszugebende Hypothekenbriefe (cédules hypothécaires) umzutauschen, die nicht universales, sondern ein spezielles Zahlungsmittel, nämlich nur bei der Bezahlung von Nationalgütern, sein sollten. Sie sollten nicht mit Zwangskurs ausgestattet sein und wie Obligationen übertragen werden können.

In der zweiten Hälfte des Jahres 1795 wird im Konvent viel über die Einrichtung des hypothekarischen Regimes (régime hypothécaire) gesprochen, auf das sich eine Anzahl von damals beratenen und angenommenen Resolutionen bezieht.

Die dritte Form einer Liquidation der Papiergeldmasse wurde zuerst von Dubois-Crancé, dem zweifellos bedeutendsten Geldtheoretiker jener Zeit, in die Debatte geworfen.

Als er seinen Gedanken einer Naturalisierung der Besteuerung verteidigte, schlug er zugleich vor, den größeren Teil der Assignaten aus dem Verkehr zu ziehen, und zwar auf folgende Weise: Alle Zettel außer den kleinen Abschnitten unter 25 Livre sollten bei der Staatsbank vorgelegt und abgestempelt werden; nach Ablauf einer bestimmten Frist sollten die so erfaßten Assignaten nicht länger als Geld umlaufen, aber noch eine Zeitlang zur Bezahlung von Nationalgütern angenommen werden (Sitzung vom 16. Floréal des Jahres III — 5. Mai 1795). Bourdon (Oise) nahm den Gedanken der Abstempelung an den nächsten Tagen auf und arbeitete ihn auf eigentümliche Art in einen Gesetzentwurf um; in der Sitzung des Konvents vom 22. Floréal des Jahres III (11. Mai 1795) entwickelte er seinen Plan, die überschüssigen Assignaten aus dem Verkehr zu ziehen, wie folgt:

„Ein nicht sehr wohlhabender sparender Bürger besitze 800 Livre in Assignaten. Das Dekret schreibt ihm vor, sie nach dem Hauptort des Bezirks zu tragen; man händigt ihm 500 Livre in Gutscheinen aus, die mit $1\frac{1}{2}\%$ verzinst und beim Kauf von Nationalgütern in Zahlung genommen werden. Die restlichen 300 Livre werden geprüft, neu abgestempelt, ihrem Eigentümer zurückgegeben und kehren in den Umlauf zurück.

Auf diese Weise werden von den 8 Milliarden Livre, die sich im Umlauf befinden, 5 Milliarden herausgezogen, und die 3 Milliarden, die im Umlauf bleiben, erhalten wieder ihren früheren Wert."

Dieser Gedanke Bourdons (Oise) erlangte die Form eines Gesetzentwurfes, gegen den aber, wie gegen den Johannots, mehrere Einwände erhoben wurden. Vor allem wurde eingewandt, daß die geplanten Gutscheine und Hypothekenbriefe durch die Macht der Verhältnisse auch zu Papiergeld, nur schlechteren Typs, werden würden.

„Alle haben eine größere oder geringere Menge von Assignaten", sagt Jean-Bon St.-André. „Ein reicher Kaufmann, der seine Mittel im Handel angelegt hat und Grundbesitz nicht erwerben will, wird seine Assignaten aus seinem Unternehmen herausziehen müssen, kann seinen Verpflichtungen nicht nachkommen, muß seine Geschäfte und Berechnungen aufgeben und seine Gutscheine an jemanden verkaufen, der Nationalgüter erwerben will. So wird der Handel erschwert werden und die Agiotage von neuem anwachsen. Der Arme dagegen, der 100 Livre Lohn für seine Arbeit erhalten hat, kann keinen Grund und Boden kaufen und muß seine Gutscheine gegen neue Assignaten umtauschen, so daß die ganze Last der Agiotage auf seine Schultern fällt."

Technisch wäre die Abstempelung der Assignaten äußerst schwierig durchzuführen, weil sie dazu an wenigen Punkten konzentriert werden müßten und der Stempel auch leicht nachgemacht werden könnte.

Aber der Gedanke der Abstempelung, mit deren Hilfe der auch weiter zum Umlauf zuzulassende Teil des Papiergeldes von dem aus dem Verkehr zu ziehenden unterschieden werden soll, taucht mehrere Male wieder auf.

So legt der Abgeordnete Roux im Herbst 1795 im Namen des „Fünfer-Ausschusses", der den befristeten Auftrag erhalten hatte, „Maßnahmen zur Milderung der äußerst verschärften Nahrungsmittel- und Wirtschaftskrise auszuarbeiten", gleichzeitig folgende Projekte vor:

a) Wiedereinführung der Taxierung für Waren und Arbeitslöhne (auf das 20 fache der Preise von 1790),
b) Einführung einer Kriegssteuer und
c) Abstempelung der Assignaten.

Nach dem letzten Projekt sollten alle in den nächsten Monaten auszugebenden Assignaten mit einem neuen Stempel versehen werden, die anderen sollten unter Einbehaltung von 25% ihres Nominalwertes gegen neue eingetauscht werden. Nur die abgestempelten sollten künftig gesetzliches Zahlungsmittel sein, und auch dies nur in den nächsten vier Monaten; danach brauchten auch sie nur beim Verkauf von Ländereien in Zahlung genommen zu werden. Einige Monate später, Ende Februar 1796, als der Währungsverfall bis zur äußersten Grenze fortgeschritten war und der Umlauf 36 Milliarden überstieg, wurde der Gedanke Bourdons in einer Überarbeitung Dauberménils erneut zur Beratung gestellt.

Dessen Projekt wollte den Umlauf auf 7 Milliarden Livre begrenzen. Die Verringerung des Umlaufes sollte wie folgt geschehen. Jeder sollte seine Assignaten bei besonderen Kassen einreichen, diese sollten sieben Achtel der eingelieferten Summe in Verwahrung nehmen, ein Achtel aber abstempeln und wieder in Umlauf setzen.

In dem Maße, wie Ländereien verkauft und damit Assignaten aus dem Umlauf gezogen werden und die umlaufende Menge unter die festgesetzte Höchstgrenze sinkt, werden Teile der in den Kassen aufbewahrten Summen ihren Eigentümern zurückgegeben, solange dadurch die angegebene Höchstgrenze nicht überschritten wird.

Damit verband Dauberménil eine Devalvation auf $1/_{25}$ des Nominalwertes, die Beseitigung des Metalles aus dem Umlauf und den Grundsatz, daß der innere Wert der Assignaten keineswegs auf ihrer Umlaufsfähigkeit, sondern auf dem realen Wert des Landes beruhe.

Einfachere Abstempelungspläne legten Gay-Vernon, Bergier und Dubois-Crancé vor.

Kein einziges all dieser Projekte wurde verwirklicht, nicht einmal das Johannots, betreffend die Ausgabe von Hypothekenbriefen, das der Konvent doch in mehreren Resolutionen gebilligt hatte; nur einige Elemente davon wurden später in den „Territorialmandaten" verwirklicht, die aber eine neue Art von Geldzeichen mit universaler Zahlungskraft waren.

Die wirkliche Geschichte der Assignaten verlief ganz anders, und zwar gestaltete sie sich ziemlich verwickelt: die vollendete Tatsache der Entwertung der Papiergeldeinheit wurde zuerst in den Geschäften der Privaten, dann auch in den Beziehungen zwischen Privatpersonen und dem Staat anerkannt.

3. Der Anfang der Gesetzgebung, welcher die Liquidation der Assignaten vollzog, ist wohl auf den 25. April 1795 (6. Floréal des Jahres III) zu verlegen. An diesem Tage erschien das Dekret, das ihren Zwangskurs in Metallgeld für Geschäfte unter Privaten aufhob.

Dies Dekret, das von Lessage im Namen des Wohlfahrts- und des Finanzausschusses beantragt und von Vernier, Jean-Bon St.-André und Cambacérès warm unterstützt worden war, lautete in den Punkten, die sich unmittelbar auf die Frage bezogen, wie folgt:

„I. Der Artikel 1 des Dekretes vom 2. April 1793, nach welchem die Gold- und Silbermünzen der Republik nicht Ware sind, wird abgeschafft.

III. Die Regierung wird ermächtigt, die Zahlungen auch weiterhin anstatt in Gold und Silber in Assignaten entsprechend deren Kurswert in der angegebenen Ware zu leisten."

Ein Abgeordneter, dessen Name unbekannt ist und der damals schon Anhänger der „staatlichen Theorie des Geldes" war, beantragte

5*

zu dem Dekret eine Abänderung, nach der „Gold und Silber nur dann Waren sind, wenn sie nicht gemünzt sind."

„Denn die Gold- und Silbermünzen", sagt er, „drücken einen bestimmten Wert aus, weil sie den Stempel der öffentlichen Gewalt tragen und nicht wegen ihres inneren Wertes: ob dieser groß oder klein, der Stempel der Regierung ist im inneren Verkehr alles". „Gold und Silber", sucht er zu beweisen, „sind Waren, das Geld ist aber nicht eine solche."

Aber der Konvent lehnt die von ihm vorgeschlagene Abänderung mit erdrückender Stimmenmehrheit ab, ja Lärm und Zwischenrufe unterbrechen die Rede.

Dubois-Crancé bringt die soziale Bedeutung der getroffenen Maßnahme auf einen kurzen Ausdruck. Am 5. Mai 1795 sagt er: „Wenn sie das Gleichgewicht zwischen den Assignaten und der Mark Silber herstellt, so richtet sie die Besitzer von Assignaten, die Rentner und Beamten der öffentlichen Körperschaften zugrunde, die nur eine gewisse Menge von Assignaten beziehen, die in keinem festen Verhältnis zur Mark Silber steht."

Die Legalisierung der freien Entwertung des Hauptumlaufmittels des Landes konnte aber nicht lange beibehalten werden.

Jene Wirtschaftspolitik, deren Grundzug die Passivität war, übte auf die Lage der breiten Volksmassen einen überaus unheilvollen Einfluß aus, und besonders dadurch, daß sie die Entwertung der Einheit des einzigen in den Händen der besitzlosen Unterschichten befindlichen Zahlungsmittels gesetzlich sanktionierte, führte sie zu dem Hungeraufstand der Pariser Vororte, dessen Losung „Brot und die Verfassung von 1793!" war. Am 21. Mai 1795 ist der Aufstand in vollem Gange; den Männern des Thermidor schwankt der Boden unter den Füßen; zwischen zwei Demonstrationen, die mit den Waffen in der Hand den Sitzungssaal durchziehen, hebt der Konvent, offensichtlich um die Wünsche der Aufständischen zu befriedigen, auf den Antrag Bourdons ohne Debatte sein letztes Dekret, durch welches er Gold- und Silbermünzen zu Waren erklärt hatte, auf und verbietet den Handel mit Metallmünzen wieder. Aber jetzt ist es schon zu spät. Dieses Verbot bleibt wirkungslos und muß unter den Verhältnissen der Zeit wirkungslos bleiben, selbst der Konvent, der ihm hatte zustimmen müssen, legt ihm keinerlei Bedeutung bei.

Sobald sich das Mißlingen des Aufstandes herausstellte und der

Konvent über sein eigenes Schicksal beruhigt war, erscheint sofort eine merkwürdige Verfügung, die sich durch beneidenswerte Kaltblütigkeit auszeichnet.

„Nur die Assignaten der Republik und die Münzen republikanischen Typs gelten als nationales Geld", lautet der Artikel 1 der Verordnung vom 4. Juni 1795 über die bevorstehende Einführung des „hypothekarischen Regimes". Sowohl das Papier- als auch das Metallgeld werden also als vollberechtigte Geldzeichen anerkannt; es wird keinerlei gesetzliches Verhältnis zwischen ihnen festgestellt, das bedeutet, ihre Bewertung wird dem freien Verkehr anheimgestellt, und das Verbot des Handels mit Münzen, das am 21. Mai angenommen worden war, wird stillschweigend abgeschafft.

Das wird besonders stark in der Sitzung vom 30. August 1795 unterstrichen, als der Konvent genötigt ist, zu dieser Frage zurückzukehren.

Bailleul, der Berichterstatter der Ausschüsse für öffentliche Sicherheit, öffentliche Wohlfahrt und Gesetzgebung spricht über die unerhört schwierige wirtschaftliche Lage des Landes, besonders hinsichtlich der Versorgung mit Nahrungsmitteln und schlägt Maßnahmen vor gegen jene Zusammenkünfte, „von denen das Signal zur Verteuerung aller Produkte und Waren gegeben wird und wo man die Nahrungsmittel des Volkes verschlingt".

Die erste dieser Maßnahmen verbietet es, auf Plätzen, an öffentlichen Orten, außer den Börsen, Gold und Silber, einerlei ob in Münzen oder in Barren, Stangen und Fabrikaten zu verkaufen und Geschäfte abzuschließen, deren Gegenstände diese Metalle sind. Weiter lautet das angenommene Dekret: „Wer diese Vorschrift übertritt, wird mit zwei Jahren Gefängnis bestraft und mit der Aufschrift ‚Spekulant' auf der Brust an den Pranger gestellt, sein ganzes Vermögen wird zugunsten der Republik konfisziert."

Die Beschränkung des Rechtes, mit Münzen zu handeln, erscheint hier also als etwas Neues, aber auch jetzt, wo sie eingeführt wird, ist sie nur räumlicher Art: eine Beschränkung auf die Börsengebäude, wodurch die ökonomische Natur und Grundtendenz jenes Handels gar nicht berührt wird.

Aber die Frage des Verhältnisses von Metall und Papier wird durch diese Verfügung nicht erschöpft.

Einer ganzen Anzahl von Mitgliedern der Gesetzgebenden Versammlung ist es klar, daß es kein wertbeständiges Papiergeld geben kann, wenn gleichzeitig Metall zirkuliert; daher kommt es in der Frage, ob die Konkurrenz des Münzgeldes mit den Assignaten zuzulassen sei, immer wieder zu Zusammenstößen: der Versuch, diesen Wettbewerb zu sanktionieren, führt nicht nur nicht zu jenen günstigen Ergebnissen, die viele von ihm erwarteten, sondern desorganisiert die Assignatenwährung endgültig.

Wie Dubois=Crancé überzeugend nachweist, ist die Vorstellung, daß der Metallumlauf nötig sei, ein Vorurteil, und ein richtig organisierter Papiergeldumlauf (mit Begrenzung der Geldmenge) kann alle Geld= funktionen erfolgreich übernehmen.

„Liegt denn der Masse des Volkes daran," sagt er, „ob das Zeichen ihres Erwerbsfleißes metallisch ist oder nicht? Ist es denn für sie etwas anderes als das Maß der Vergütung für ihre täglichen Be= dürfnisse? Gibt es denn einen Handwerker oder Landwirt, einen Pen= sionsempfänger oder Beamten oder selbst einen Rentner (von einem sehr kleinen Teil dieser abgesehen), der je das Zeichen, das durch seine Hände geht, zu etwas anderem gebraucht hat, als um seiner Familie Nahrung und Kleidung und im Laufe des Jahres einige seinen Mitteln entsprechende Genüsse zu beschaffen? Was liegt ihm am Ende des Jahres daran, ob der Lohn für seine Fähigkeiten Gold, Silber oder Papier gewesen ist?"

Aber die Einsicht, daß eine einheitliche Währung geschaffen werden müsse, siegt erst, als ein neuer Typus von Papiergeld geschaffen wird — das Territorialmandat. Aber da reichen die Kräfte schon nicht mehr aus, um jenen Gedanken zu verwirklichen.

Nur die angegebenen Anordnungen über das Verhältnis des Papiers zum Metall und ihre Geltung sind währungspolitische Maß= nahmen des thermidorianischen Konvents von realer Bedeutung. Alle anderen Dekrete (wie über die Erhöhung der Verkaufspreise für die Ländereien, über den Umtausch der Assignaten gegen Hypothekenbriefe usw.) wurden entweder in kürzester Frist von ihm selbst wieder ab= geschafft oder nicht durchgeführt.

4. Das Direktorium, das den Konvent Ende Oktober 1795 ab= löste, war sogleich genötigt, in die Erörterung der finanziellen Lage des Landes und der Aufgaben der Geldpolitik einzutreten.

Der Finanzausschuß des Rates der Fünfhundert, der am 1. Nov. 1795 gewählt worden war, erstattete dem Rate am 13. Nov. Bericht über die Ursachen der gegenwärtigen Lage der Finanzen und die Mittel zu ihrer Neuordnung.

„Alle außerordentlichen Maßnahmen", heißt es in diesem von Eschassériau sen. verlesenen Bericht, „erschienen uns bei der gegenwärtigen politischen Lage als gefährlich: eine gewaltsame Erschütterung durch ein unvorsichtiges Gesetz kann einen Staat, welcher der Stärkung bedarf, erschüttern und zerstören."

Die Entwertung der Assignaten war wie eine unmerkliche Besteuerung, die auf allen Bürgern lastete; jeder nimmt und gibt Assignaten nur nach dem Tageswert: eine allgemeine Gerechtigkeit ist hergestellt.

„Die Entwertung des Assignaten ist das Werk aller: In den Wechselfällen des Handels und der Revolution hat er einen Teil seines Wertes in den Händen zurückgelassen, durch die er gegangen ist, in der Brieftasche, die er gefüllt hat, in den Vermögen, die er gebildet hat. Es wäre absurd, es wäre unmöglich, allen, die ihn nacheinander besessen haben, einen Teil des Wertes zurückzuerstatten, den er allmählich verloren hat; es wäre noch absurder, dem letzten Inhaber alles zu erstatten, was die anderen verloren haben."

Was nun die Ursachen der Entwertung und die Möglichkeit, ihr entgegenzuwirken, angeht, so vertritt Eschassériau hier weniger ernst zu nehmende, aber für die damalige Stimmung bezeichnende Thesen.

„Die öffentliche Meinung bestimmt den Kredit der Assignaten, und sie hängt von keinen Gesetzen ab. Der Wille des Gesetzgebers kann an dem Unterschied zwischen Papier und Metall nichts ändern. ... die Kursbewertung der Assignaten, welche die Regierung in den Umlauf bringt, kann erforscht und richtigeren Variationen unterworfen werden, aber keine Macht kann ihren Einfluß beseitigen."

Eschassériau empfiehlt, die Entwertung der Assignaten als vollendete und notwendige Tatsache anzuerkennen und nur einen besonderen Ausschuß damit zu beauftragen, fortlaufend ihren Kurs festzustellen (so wie der Börsenausschuß die täglichen Notierungen der verschiedenen Werte veröffentlicht), und meint: Wenn eine solche Devalvation nach dem Kurswerte durchgeführt wäre, würde dieser in bestimmter Progression folgendermaßen steigen: „Die Klugheit fordert, im Moment, wo der Kurs festgestellt sein wird, verschiedene Wege, auf denen die Assignaten abfließen können, zu eröffnen: das wirksamste und zugleich das loyalste Mittel, durch welches die Assignaten entfernt und ihr Kurs bis zu ihrem Verschwinden gehoben werden könnte, wäre, den Assignateninhabern immer das Doppelte des Kurs= wertes anzubieten.

Dann werden sich alle Interessen vereinigen, um die Entwertung der Assignaten zu verringern. Sobald die Regierung die Assignaten zum Doppelten des Preises, den man im Handel dafür erzielen würde, annimmt, wird das Streben nach Gewinn eine entgegen= gesetzte Bewegung schaffen, die dem Gelde der Republik ebenso günstig sein wird, wie die frühere ungünstig war."

In Wahrheit ist ein solcher Plan als ganz irrig anzusehen. Bei der Kursbildung der Assignaten stellte der Verkehr zwei Möglichkeiten ihrer Verwendung in Rechnung: a) zu Zahlungen an Privatpersonen zu einem Preise, der sich auf einige Prozent ihres Nominalwertes belief, und b) zu Zahlungen an den Staat, der sie immer noch zu ihrem vollen Nominalwert annahm.

Ging der Staat dazu über, die Assignaten auch seinerseits zu ihrem Kurswert in Zahlung zu nehmen, so mußte dies offenbar den Kurs senken, da die letzte Möglichkeit, ihren vollen Nominalwert zu realisieren, zunichte wurde. Aber diese Kurssenkung brauchte nicht be= trächtlich zu sein, denn dem Realwert nach machten die Zahlungen an den Staat, im Vergleich mit dem Gesamtbetrag der privaten Zahlungen, bloß eine sehr kleine Summe aus. Das zweite Element spielte bei der Preisbildung für die Assignaten nur eine Rolle zweiten Ranges.

Ein Bewertung der Assignaten durch den Staat auf das Zwei= fache ihres Kurswertes würde den Assignatenkurs zwar gehoben haben, aber auch nur unbeträchtlich, weil, wie schon angegeben, die Umsätze der Staatskassen im Vergleich mit denen im privaten Warenverkehr geringfügig waren.

Keinesfalls aber war auf diesem Wege eine dauernde, nicht bloß einmalige und gar eine fortschreitende Erhöhung der Bewertung der Assignaten zu erreichen, wie Eschassériau hoffte.

Die Zweite Kammer berät über die von Eschassériau vorgeschlagenen Dekrete, betreffend die Vernichtung der Apparate zur Herstellung von Assignaten, über die Mittel, mit welchen sie allmählich aus dem Ver= kehr gezogen werden sollten (Umtausch gegen Hypothekenbriefe, Kon= solidierung in Rente, Legalisierung der privaten Geschäfte in beliebiger Valuta, Veröffentlichung des legalen Kurses der Assignaten), in lang=

andauernden geheimen Sitzungen, die sich über viele Tage erstrecken; und am 25. November verkündet Crassous (Hérault) in der Sitzung des Rates der Fünfhundert: grundsätzlich sei beschlossen, am 19. Januar 1796, am 30. Nivôse des Jahres IV, öffentlich alle Patrizen, Formen und Matrizen, die zur Herstellung von Assignaten dienten, zu verbrennen. Er sagt ausdrücklich, daß die Assignaten, die sich dann im Umlauf befinden werden, keinesfalls 30 Milliarden übersteigen sollen. (Sitzung vom 4. Frimaire des Jahres IV.) Zur Deckung dieser Papiergeldmenge soll aus den Nationalgütern ein Teil ausgesondert werden, dessen realer Wert sich auf 1 Milliarde Livre belaufen soll.

Diese Vorschläge finden die volle Billigung einer gewaltigen Mehrheit des Rates und werden sogleich im Prinzip angenommen.

In ausgearbeiteter Form werden sie in der folgenden Sitzung zusammen mit interessanten Anordnungen über den Kurs der Assignaten angenommen. Diese Anordnungen lauten:

1. „Von der Veröffentlichung dieses Gesetzes an haben alle Bürger das Recht, Abkommen und Verträge abzuschließen in der Form, die sie für passend erachten; in Ermangelung von Münzgeld können sie aber die Annahme von Assignaten zu dem legal festgestellten Kurse nicht verweigern.

2. Der Kurs der Assignaten wird durch Kommissare festgestellt, die das Ausführende Direktorium hierzu ernennt.

3. Die Berechnung der Kommissare wird sich auf eine Kombinierung der Wechselkurse in den Haupthandelsplätzen Frankreichs gründen.

4. Diese Berechnung wird täglich auf der Grundlage der Berechnung des Durchschnittskurses für die vierzehn vorhergehenden Tage vorgenommen und veröffentlicht werden."

Übrigens brachte dieses System, das der Finanzausschuß des Rates der Fünfhundert ausgearbeitet hatte, nichts grundsätzlich Neues; es kombinierte nur auf eigene Weise viel früher vorgebrachte Gedanken.

Aber diese Kombination schuf ein eigenartiges System, bei dem für die Assignaten nur bedingter Annahmezwang bestand, nämlich nur in den Fällen, wo Münzgeld fehlte; ihr legaler Wert war von dem nichtlegalen, faktischen abhängig gemacht. Der letztere blieb etwas höher, weil — offenbar, um die Einwirkung ganz vorübergehender spekulativer

Kursänderungen auszuschalten — der Durchschnittskurs für die letzte Monatshälfte berechnet wurde.

„Es taucht die Frage auf", berichtete der Abgeordnete Crassous dem Rate der Fünfhundert, „wodurch der Wechselkurs zu bestimmen ist. Der Ausschuß hatte es zuerst für nützlich gehalten, zu dieser Festsetzung die Preise für verschiedene Gegenstände des dringendsten Bedarfes zu berücksichtigen, aber in der Diskussion ist dieser Gedanke abgelehnt worden, und es hat sich herausgestellt, daß man sich nach dem Gold- und Silberpreis in den Haupthandelsplätzen Frankreichs richten sollte."

Aber der Rat der Fünfhundert, der die dargelegten Bestimmungen mit den sechs Finanzresolutionen angenommen hatte, sieht sich nach drei Wochen genötigt, sie zu revidieren, denn er stößt bei dem Rat der Alten und einem Teil der Regierung auf entschiedenen Widerstand.

Wenn der Umlauf 30 Milliarden erreicht haben wird, sagt Lebrun, der Berichterstatter der Ersten Kammer, werde die Regierung mittellos sein, wodurch eine ganz unmögliche Lage entsteht.

Außerdem wolle der Rat der Fünfhundert mit 30 Milliarden Assignaten 1 Milliarde Münzgeldes repräsentieren; dabei seien die Assignaten so entwertet, daß sie im privaten Geschäft nur 300—400 Millionen repräsentieren.

Der zweite Berichterstatter Lafont-Ladebot beantragt ebenfalls, die Resolutionen der Zweiten Kammer abzulehnen, weil sie finanziell undurchführbar seien. Einer der weiteren Redner spricht mit einer Zweideutigkeit, die der Rat der Fünfhundert wenig verdient hatte, von den „Gefahren der Deklamation gegen die Reichen". Das Ergebnis ist, daß der Rat der Alten alle sechs Finanzresolutionen der Fünfhundert ablehnt.

Aber die Notwendigkeit, irgendwie mit dem Assignatenumlauf ein Ende zu machen, und sei es nur, weil er fast nichts mehr einbringt, ist allzu klar, und unter dem Druck des Direktoriums findet eine Neuberatung in geheimen Sitzungen beider Kammern statt.

Das Dekret vom 25. Dez. 1795 (2. Nivôse des Jahres IV) setzt auf Ersuchen des Finanzministers Faypoul die Höchstgrenze für den Umlauf von 30 auf 40 Milliarden Livre hinauf und schiebt die Vernichtung der Assignatenplatten hinaus bis zu dem Augenblick, wo diese Grenze erreicht sein wird, d. h. um die zur Herstellung von 10 Milliarden nötige **Zeit,** oder bis zum Eingang von zwei Dritteln der Zwangsanleihe.

Der Assignatenkurs wird jetzt täglich an der Pariser Börse festgestellt, und er reguliert die Handelsgeschäfte im Departement Seine, die anderen Departements lassen sich von dem Kurs der Pariser Börse zehn Tage vor dem Ablauf der Zahlungsfrist leiten (Anordnung des Direktoriums vom 11. Januar/21. Nivôse des Jahres IV).

Endlich wird durch Gesetz vom 30. Jan. 1796 (10. Nivôse des Jahres IV) endgültig der Tag der öffentlichen Vernichtung aller Gegenstände, die zur Herstellung der Assignaten dienten, festgesetzt, und zwar auf den 30. Pluviôse (19. Febr. 1796), und ein weiteres Spezialgesetz ordnet alle Einzelheiten der Vernichtung, die dann auch zu der festgesetzten Zeit auf dem Vendômeplatz in Gegenwart großer Volksmengen mit betonter Feierlichkeit vollzogen wird.

Gleichzeitig wird ein unbenutzt gebliebener Rest von Assignaten, eine ziemlich beträchtliche Summe (1167 Millionen), verbrannt.

Die Regierung hat die letzten Möglichkeiten, Assignaten zu drucken, eifrig benutzt; die betreffenden Verfügungen beziehen sich auf die Herstellung folgender Beträge: am 30. Oktober 1795 4 Milliarden, am 17. November 4 Milliarden (in großen Stücken: 2 Milliarden in Stücken zu 2000, 1 Milliarde in Stücken zu 1000 und 1 Milliarde in Stücken zu 500 und 100 Livre), am 27. Dezember 7 Milliarden (4 Milliarden in Stücken von 1000—2000 und 3 Milliarden in Stücken von 10000 Livre), am 18. Januar 1796 6100000000; endlich am 28. Januar wird die Herstellung der letzten 1150980000 Livre verfügt.

Aber die finanzielle Lage des Direktoriums ist sehr schlecht; es ist genötigt, die Ausgaben einzuschränken. Durch eine Verfügung vom 11. Jan. 1796 (21. Nivôse des Jahres IV) verbietet es der Kassenverwaltung, mehr als 200 Millionen Assignaten täglich zu verausgaben, der Rest der Assignatenerzeugung sollte nur auf den Ankauf von Metallgeld verwandt werden.

Noch zwei Wochen später, am 25. Januar, setzt eine Verfügung des Direktoriums die Höchstgrenze für die täglichen Auszahlungen aus der Staatskasse schon auf 50 Millionen herab.

Und am 29. Februar, als in der Kasse nur noch 4—5 Millionen Livre sind, stellt das Direktorium die Zahlungen ein.

Nachdem die Mittel zur Herstellung der Assignaten verbrannt waren, stieg der Kurs ein wenig. Der Louisdor (24 Livre) hatte am 21. Februar 8137 Livre in Assignaten gekostet, im März fiel sein Preis auf 5800 Livre. Aber bald steigt der Preis für Metall wieder, und alle Hoffnung auf eine beruhigende Wirkung der vorgenommenen Operation verschwindet.

Das Direktorium, das grundsätzlich die Rückkehr zur Metallwährung beschlossen hatte, bemüht sich, den Eingang in Metall wenigstens eines Teiles der Einnahmen zu sichern.

Schon am 17. Oktober 1795 verordnet ein Dekret, bei der Registrierung solcher öffentlicher Geschäfte, bei denen der Wert in Metallgeld oder in Werten des Jahres 1790 oder in anderen Werten, die den Nominalwert der Assignaten übersteigen, für die Registrierung eine dem Wert des Aktes entsprechende Gebühr entweder ebenfalls in Metall oder in Assignaten nach dem Kurs zu erheben.

Ferner schreibt ein Gesetz vom 25. Dezember 1795 vor, die Zölle zur Hälfte in Metall, zur Hälfte in Assignaten zu erheben; am 29. Januar 1796 wird diese Regel auf die Strafen wegen Übertretung der Zollvorschriften ausgedehnt.

Aber alles dies ergibt einstweilen doch sehr wenig, und der Staatsbedarf ist groß und dringend.

Unter seinem Druck erfindet das Direktorium eine neue Form der Emissionsoperation mit einem besonderen juristischen Namen. Es nimmt den Ertrag der zu erwartenden Eingänge aus der Zwangsanleihe von 600 Millionen vorweg, indem es die Staatskasse ermächtigt, die Lieferanten der Republik mit besonderen Obligationen zu bezahlen, die in 1, 2 und 3 Monaten getilgt werden sollen und „Reskriptionen auf die Einnahmen aus der Zwangsanleihe" heißen. Da diese gegen Metall einzulösen sind, so werden sie von allen Kassen des Staates neben Metall in Zahlung genommen. Drei Tage später wird die Staatskasse angewiesen, mit solchen Reskriptionen (in Stücken zu 50 und 100 Livre) die Anweisungen der einzelnen Minister auf die ihnen bewilligten Kredite zu bezahlen (Dekret vom 19. Dez. 1795). Für die Ausgabe von Reskriptionen wird eine Höchstgrenze von 30 Millionen Livre festgesetzt.

Anfangs nur bei Anweisungen auf Zahlung von Metall gebraucht (Dekret vom 14. Jan. 1796), werden die Reskriptionen bald Zahlungsmittel für alle Anweisungen überhaupt (die auf Assignaten werden nach dem Kurs umgerechnet) mit wenigen besonders aufgeführten Ausnahmen (Dekret vom 25. Jan.); und angesichts des baldigen Aufhörens der Assignatenemissionen werden sie sehr schnell ausgegeben: das Direktorium muß am 28. Januar 1796 ihre tägliche Ausgabe durch die Staatskasse auf 1 Million beschränken, am 5. Februar sogar vorschreiben, alle ordentlichen, außerordentlichen und geheimen Ausgaben des Innenministers in Assignaten zu vollziehen, es sei denn, der Minister gebe speziell die Summen an, die in Reskriptionen auszuzahlen sind.

Da die erste Emission von 30 Millionen schnell erschöpft ist, genehmigt das Direktorium eine zweite von 30 Millionen Livre: es ermächtigt die Staatskasse, Reskriptionen mit drei- und viermonatiger Einlösefrist herzustellen (Dekret vom 13. Febr. 1796). Noch ist kein Monat verstrichen, als ein neues Dekret (vom 9. März 1796) der Staatskasse förmlich gestattet, sie in Zahlung zu geben, und nach abermals 1½ Wochen, am Tage nach der Verordnung über die Ausgabe einer neuen Art von Papiergeld, der Territorialmandate, erhalten die Reskriptionen Zwangskurs und werden rechtlich dem neuen Papiergeld gleichgestellt (Dekret vom 19. März 1796).

Zu dieser Zeit hatten sie im Privatverkehr (bei einem Umlauf von ungefähr 60 Millionen Livre) mehr als 50% ihres Nominalwertes verloren.

5. Dreierlei war für die damalige Lage charakteristisch.

1) Im Umlauf befand sich eine ungeheure Masse von Papiergeld. Dies Papiergeld war zehnmal so stark entwertet, als die Emissionen angewachsen waren, es hatte die Bedeutung eines Wertmessers verloren, sein Kurs in Metallgeld sank jeden Tag. Das Metallgeld war wieder Wertmaßstab geworden, aber als Warentauschmittel diente es nur neben den Assignaten.

2) Es fehlte jede Quelle zur Deckung der Staatsausgaben. Die Steuern brachten nur geringe Erträge, die Zwangsanleihe war mißlungen, der Zetteldruck sollte eingestellt sein, das Direktorium mußte ihn schon als Reskriptionenausgabe maskieren.

3) Der Staat besaß immer noch einen beträchtlichen Landfonds, allerdings hatte sich dieser sehr verringert: einen Teil hatte man verkauft, einen andern seit dem Einsetzen der Reaktion den früheren Eigentümern zurückgegeben.

Der Assignat mußte stabilisiert oder gegen wertbeständigere Geldzeichen umgetauscht werden, denn die Entwertung desorganisierte die ganze Volkswirtschaft: nach den Worten Louis Blancs „wollte niemand produzieren, alle wollten nur handeln".

Die finanzielle Ohnmacht des Staates verbot es ihm, den Zetteldruck aufzugeben.

Und schließlich konnte der Landfonds immer noch eine Art Schutzschild für weitere Emissionen abgeben.

So entsteht eine neue Art von Papiergeld, das die Erbschaft der Assignaten antritt. Ökonomisch wiederholt es in Miniatur alle Abschnitte der Geschichte der Assignaten.

Die Territorialmandate, deren Ausgabe am 18. März 1796 dekretiert wurde, sollten zunächst vorläufig das Hauptumlaufsmittel des Landes werden. Sie sollten teils durch Emission, teils durch Umtausch der Assignaten im Verhältnis 30 : 1 im Laufe der nächsten drei Monate in den Verkehr gebracht werden (Art. 8—9).

Die kleinsten Assignaten zu 50 Sou (2½ Livre) und weniger sollten nach dem Dekret allmählich gegen auszuprägende Kupfermünzen im Betrage eines Zehntels ihres Nennwertes umgetauscht werden (Art. 10). Dieser Satz sollte den Eindruck erwecken, daß die Interessen der besitzlosen Volksschichten verteidigt würden; praktische Bedeutung hatte er nicht, da fast gar keine Münzen geprägt wurden, hauptsächlich aber, weil jene kleinen Assignatenstücke zu dieser Zeit, als man nur in Tausenden und Millionen rechnete, fast ganz verschwunden waren.

Die Territorialmandate erhalten legalen Kurs (cours de monnaie) in allen Geschäften unter Privaten und sind bei allen privaten und öffentlichen Kassen wie Münzen in Zahlung zu nehmen (Art. 2).

Gleichzeitig beseitigt das Gesetz wieder die Konkurrenz der Edelmetalle. Der „Verkauf" von Gold- und Silbermünzen wird verboten (Art. 15).

Andererseits wird auf den Zusammenhang der Mandate mit dem Grundbesitz der Republik, der ihre reale Deckung darstellt, noch mehr Nachdruck gelegt als bisher bei den Assignaten. Neu ist eigentlich nur folgendes: die Schätzungen der Nationalgüter sollen nicht erhöht werden und die Versteigerung wird beseitigt: jeder Besitzer von Territorialmandaten kann unverzüglich ein beliebiges Grundstück zu dem geschätzten und bekanntgemachten Wert erwerben und in einer Frist von zehn Tagen den bestätigten Vertrag erhalten (Art. 4).

Die breiten Volksmassen brauchten Mandate für ihre täglichen Ausgaben, Grund und Boden konnten sie nicht kaufen, so daß die Hypothekennatur der unverzinslichen Mandate doch bloß eine theoretische Konstruktion blieb.

Die finanzwirtschaftliche Bedeutung der Ausgabe der Mandate endlich wird durch folgende Bestimmungen geregelt.

Der Gesamtbetrag der auszugebenden Mandate wird von vornherein auf 2,4 Milliarden festgesetzt (Art. 1), d. h. auf etwas mehr als die normale Umlaufsmittelmenge Frankreichs. Die Summe kann in der Zukunft nicht vergrößert werden (Art. 3).

Die umlaufenden Assignaten werden im Verhältnis 30:1 gegen Mandate umgetauscht; weitere 600 Millionen werden der Staatskasse überwiesen (Art. 8).

Nach der Berechnung der Urheber und Verteidiger des Projektes liefen damals — mit Hilfe der Zwangsanleihe waren ungefähr 12 Milliarden eingezogen worden — annähernd 24 Milliarden Assignaten um. Deren Umtausch und Einziehung hätte 800 Millionen Livre in Mandaten erfordert, d. h. ein Drittel des auszugebenden Gesamtbetrages. Mit den anderen zwei Dritteln sollte offenbar die Wirtschaft des Staates finanziert werden: die ersten 600 Millionen sollen unverzüglich dazu verwandt, die verbleibende Milliarde in einer mehr oder weniger fernen Zukunft. Am folgenden Tage ordnet ein Ergänzungsgesetz die Ausgabe von „Anweisungen auf Mandate" (promesses de mandats) an, die gegen Mandate umgetauscht werden sollen, sobald solche hergestellt sein werden; von den Mandaten unterscheiden sie sich dadurch, daß sie durch Indossament übereignet werden.

Letztere Bestimmung erweist sich als praktisch gänzlich undurchführbar und wird eine Woche später auf Vorschlag Ballands abgeschafft; die „Anweisungen" erhalten praktisch alle Rechte der künftigen Mandate.

Was die Stückelung angeht, so war geplant, die Hälfte, 1200 Millionen, in großen Abschnitten zu 500 und 100 Livre (700 Millionen in Stücken von 500 Livre und 500 Millionen in Stücken von 100 Livre), 700 Millionen in mittelgroßen Abschnitten zu 50 und 20 Livre (400 Millionen in Stücken zu 50 und 300 Millionen in solchen zu 20 Livre) sowie 500 Millionen in kleinen Stücken zu 5 und 1 Livre (300 Millionen in Abschnitten zu 5 Livre und 200 Millionen in solchen zu 1 Livre) auszugeben.

Das Band mit dem Grundbesitz des Staates, das die ideologische Verhüllung des Papiergeldcharakters der Mandate bildete und symbolisch sogar in ihrer Zeichnung ausgedrückt war, wurde dadurch verstärkt, daß der Preis der ihre Deckung bildenden Nationalgüter auf das 22 fache des Ertrages der Ländereien und auf das 18 fache des Er=

trages der Baulichkeiten, Fabrikgebäude, Höfe und Gärten berechnet wurde, und zwar wurde jedesmal der Reinertrag des Jahres 1790 zugrunde gelegt. Für Nationalgüter wurden ganz gleichmäßig Mandate wie Münzgeld nach dem Nominalwert in Zahlung genommen. Der Gesamtwert der Ländereien, welche die Mandate hypothekarisch sicherstellen sollten, wurde auf 3785 Millionen Livre berechnet. Durch zwei Sachverständige, einen als Vertreter der Behörde und einen als Vertreter des Käufers, sollte ein jedes Grundstück, das zur Deckung der Mandate gehörte, abgeschätzt werden; der Käufer hatte die Hälfte des Kaufpreises gleich und die Hälfte innerhalb eines Monats zu zahlen.

Was den Umtausch der Assignaten gegen Mandate angeht, so erhielt diese Frage praktische Bedeutung dadurch, daß sich bald herausstellte, daß die Mandate sehr schnell entwertet wurden, wenn man solche ausgab, ohne eine entsprechende Menge von Assignaten einzuziehen.

6. Die hypothekarische Sicherstellung (der Zusammenhang mit dem Grundbesitz) konnte die Vollwertigkeit nur eines sehr kleinen Teiles der ausgegebenen Mandate gewährleisten, denn nur ein sehr kleiner Teil von ihnen konnte in so kurzer Frist zum Erwerb von Grundbesitz benutzt oder auch nur dazu bestimmt werden.

Der Rest der Mandatmasse verursachte ein neues Anschwellen des ohnehin außerordentlich aufgequollenen Geldumlaufs des Landes; als dritte Währungsgeldart kam er zu den beiden damals vorhandenen, den Assignaten und dem Metallgeld, hinzu, er konnte also die einzige für alle Arten von Papiergeldzeichen reale zirkulatorische Sicherung seines Wertes nicht erwerben und mußte entwertet werden.

Als deshalb die „Anweisungen auf Mandate" zwei Monate nach ihrer Ausgabe in ungewöhnlichem Maße entwertet waren, beschloß das Direktorium, sie unverzüglich, noch vor Fertigstellung der wirklichen Mandate, zum Umtausch gegen Assignaten zu benutzen. Schon Ende April 1796 entwickelte Robert de Tarn bei der Beratung der Finanzpläne den Gedanken: die Hauptursache für die Entwertung der Mandate sei die Konkurrenz der Assignaten, die sie an der richtigen Ausübung der Geldfunktionen hinderten (Sitzung vom 11. Floréal des Jahres IV). Sein Antrag, unverzüglich zur Einziehung der Assignaten zu schreiten, wurde an den Finanzausschuß überwiesen und zu einem Entwurf verarbeitet, über den fünf Tage später der Abgeordnete Montmayou im Namen des Ausschusses Bericht erstattete.

Der Umtausch der gesamten im Umlauf befindlichen Assignaten= masse bot Schwierigkeiten dar, weil die Herstellung der Mandate aus technischen Gründen viel Zeit erforderte; deshalb beantragte die Kom= mission, die dabei offenbar einen schon früher von einem gewissen Panckoucke in der Literatur vorgebrachten Gedanken benützte, anfangs die größten Stücke, die Assignaten zu 2000 und 10000 Livre, von denen etwa 12 Milliarden Livre umlaufen mußten, aus dem Verkehr zu ziehen.

„Der Entwurf", sagte der Abgeordnete Perrin, „berührt nur die Riesenvermögen, die sich im Laufe der Revolution gebildet haben."

Trotz der Einwände einzelner Abgeordneter — „Dies ist ja die Demonetisierung der Hälfte unseres Geldumlaufes!" ruft Madier — nimmt der Rat der Fünfhundert den Entwurf des Ausschusses an.

Die angegebenen Assignatenabschnitte sind von ihren Besitzern bei den Regierungskassen zu registrieren und werden aus dem Verkehr gezogen; die Frist beträgt eine Dekade im Departement Seine und zwei Dekaden in den übrigen Departements.

Die registrierten Assignaten erhalten den Vorzug, daß sie bis zu einem Viertel des Preises beim Verkauf von Nationalgütern in Zahlung zu nehmen sind, und zwar werden sie nach dem Verhältnis 30 : 1 (so= weit der Preis in Mandaten ausgedrückt wird) angerechnet. Soweit sie nicht zum Kauf von Staatsgrundbesitz verwandt werden, sollen sie, wie versprochen wird, später, nach dem Umtausch aller kleineren Stücke, gegen Mandate umgetauscht werden.

Die nicht innerhalb der festgesetzten Frist registrierten Stücke ver= lieren ihre Zahlkraft.

Diese Bestimmungen stoßen aber im Rate der Alten auf ent= schiedenen Widerstand und werden von ihm abgelehnt.

Wenn man 12 Milliarden Livre Assignaten, deren Wert sich nach dem festgesetzten Verhältnis (30 : 1) auf 400 Millionen Livre beläuft, aus dem Verkehr zieht, argumentiert der Berichterstatter Cretet, so vermindert man den Umlauf von Assignaten und Mandaten so stark, daß man offensichtlich die Bedürfnisse des Verkehrs gefährdet.

Wenn er den „festgestellten Wert" des gesamten Geldumlaufes auf 1 Milliarde berechnet, so berücksichtigt er allerdings nur das Papier= geld und läßt das Münzgeld ganz unbeachtet, das mit Macht in den Verkehr eingebrochen war und den Tauschwert der Assignaten wie der Mandate zerstört hatte, und mit dem damals unbedingt gerechnet werden mußte; und er rechnet gar nicht damit, daß gerade eine Verminderung der Menge des Papiergeldes den Wert im Verhältnis zum Metall heben und festigen konnte.

Aber die von Cretet vorgebrachte Erwägung, daß „diese Demonetisierung nicht die Interessen der Besitzer schützt", erweist sich anscheinend als entscheidend.

Sie berührt die Interessen nicht nur der großen Eigentümer, sagt Cretet, denn ein Assignat zu 10000 Livre ist in Wirklichkeit nur 35 Livre und einer zu 2000 Livre nur 7 Livre wert. Manche Bürger werden ihre auch so schon äußerst kargen Ausgaben bis zur Erfüllung der Registrierungsformalitäten hinausschieben müssen, und dann werden sie die Quittungen für ihre Assignaten den wirklichen Reichen oder vielmehr den Spekulanten zu verkaufen genötigt sein.

An diesen Erwägungen ist etwas Wahres. Aber erstens war nicht daran zu denken, irgendeine Reform des Geldwesens durchzuführen, ohne irgendwelche Interessen zu verletzen; und zweitens mußten sich jene größten Stücke, so wenig sie bei der allgemeinen Entwertung des Papiergeldes im Vergleich mit ihrem Nennwert wert waren, doch im Besitz bloß der wohlhabendsten Bevölkerungsschichten befinden. So ist denn anzunehmen, daß die Meinung Perrins der Wahrheit viel näher kam als die entgegengesetzte Behauptung Cretets.

Wie dem aber auch sein möge, der Rat der Alten stimmte seinem Berichterstatter zu und lehnte, um die Besitzer der größten Abschnitte nicht zu schädigen, den Entwurf der Zweiten Kammer fast einstimmig ab.

Und wenn zwei Wochen später ein Teil der Assignaten doch aus dem Verkehr gezogen wird, so nur unter dem unmittelbaren Druck des Direktoriums nach einer Geheimsitzung des Rates der Fünfhundert ohne Debatte im Rate der Alten und in der viel milderen Form eines Umtausches gegen Mandate.

„Da das Übermaß von Geldzeichen ihre Entwertung verursacht, da das Gesetz vom 28. Ventôse, um ihre Menge zu verkleinern und das nötige Gleichgewicht zwischen dem Papiergeld und den Waren und Produkten herzustellen, festgesetzt hat, daß die Assignaten nach dem Verhältnis von 30 Einheiten gegen 1 eingezogen und gegen Mandate umgetauscht werden sollen, da ferner Böswilligkeit und Spekulation die Zeit der Herstellung der Mandate auszunützen und Unruhe hinsichtlich der Ausführung des Gesetzes vom 28. Ventôse zu verbreiten suchen, und da die gegenwärtige Konkurrenz zwischen den Anweisungen auf Mandate und den Assignaten den beiden Papieren schadet und die

Chancen und Machenschaften der Spekulation vermehrt, da endlich die Herstellung von Anweisungen auf Mandate den vorgesehenen Umtausch zu beschleunigen gestattet, und um alle Zweifel zu zerstreuen und das Vertrauen zu befestigen", bestimmt der Rat der Fünfhundert, daß die Assignaten von mehr als 100 Livre Nominalwert unverzüglich umzutauschen sind (Gesetz vom 23. Mai 1796 / 4. Prairial des Jahres IV).

Der Umtausch soll im Departement Seine am 25. Prairial, in den übrigen Departements am 10. Messidor beendet sein; er ist also in drei oder fünf Wochen zu vollziehen.

„Nach Ablauf der angegebenen Fristen hören die Assignaten über 100 Livre auf, legalen Kurs zu haben, und können gegen Mandate oder Anweisungen auf solche nur noch im Verhältnis von 100 : 1 umgetauscht werden" (Art. 2).

Der Umtausch wird in Paris bei den Notaren, in den anderen Gemeinden bei den Steuereinnehmern vollzogen (Art. 3).

Was die anderen Assignaten angeht, so verspricht das Dekret, daß Vorschriften über ihren Umtausch besonders veröffentlicht werden sollen (Art. 4).

Ein ergänzender Erlaß des Direktoriums vom folgenden Tage (5. Prairial des Jahres IV) verteilt den Umtausch der Assignaten der verschiedenen Werte auf die Tage vom 16. bis zum 25.

In Wirklichkeit geht der Umtausch viel langsamer vor sich; es stellt sich heraus, daß die Geldmasse sich territorial ganz anders verteilt, als anfangs angenommen wurde. Deshalb wird die Beendigung des Umtauschgeschäftes zweimal um drei Wochen hinausgeschoben.

Über das weitere Schicksal der nach Ablauf dieser neuen Frist noch nicht umgetauschten Assignaten wird jetzt etwas anderes bestimmt: sie brauchen von keiner öffentlichen Kasse mehr in Zahlung genommen zu werden und sind überhaupt nicht mehr gegen Mandate umzutauschen. (Art. 2 des Dekretes vom 9. Messidor des Jahres IV).

Wenn zu der Zeit des Umtausches, nach der Verminderung durch die Zwangsanleihe, nur 21 Milliarden umliefen, wie Beffroy dem Rate der Fünfhundert mitteilte, so mußten mindestens 15 Milliarden in Abschnitten über 100 Livre im Umlauf sein.

Indessen wurden von den Mandaten, wie Ramel mitteilt, zum Umtausch der Assignaten nur 351 Millionen Livre verwandt; da aber der Umtausch in Verhältnis 30 : 1 erfolgte, also Mandate nur im Betrage von 3,33% des Nennwertes der Assignaten ausgehändigt wurden, so können nur 10530 Millionen Assignaten umgetauscht worden sein.

In Wirklichkeit liefen damals anscheinend viel mehr Assignaten um, als Beffroy angibt, so daß der umlaufende Betrag von großen Abschnitten und der nichtumgetauschte Rest noch größer waren. Ein Teil war übrigens wahrscheinlich früher ins Ausland gebracht, ein anderer bei Feuersbrünsten, Schiffbrüchen usw. vernichtet worden.

7. Nachdem das Direktorium seinen Plan zum Ersatz des Papiergeldes eines Typs durch anderes entworfen hatte, stellte es von Anfang an die neuen Geldzeichen praktisch den metallenen gleich.

„Vom heutigen Tage an", lautet eine Anordnung des Direktoriums vom 19. März 1796, „werden die Minister Anweisungen auf die Staatskasse nur in Münzgeld, nicht aber in Assignaten nach ihrem Nennwert unterschreiben.

Die auf die Staatskasse angewiesenen Summen werden entweder in Anweisungen auf Territorialmandate oder in Assignaten unter Zugrundelegung des Verhältnisses von 30 : 1 ausgezahlt."

Auf der anderen Seite wird dem wirklichen Metall der Krieg erklärt. Die Bestimmungen des Jahres 1793 werden erneuert, aber kraftlos und ohne Erfolg.

„Käufe, Verkäufe, Verträge, Geschäfte und Abkommen, bei denen die Übereignung irgendwelcher Summen abgemacht ist," lautet der Artikel 4 des Gesetzes vom 27. März 1796, „können nur in Territorialmandaten oder in Anweisungen auf solche abgeschlossen werden. Alle anderen Bedingungen sind von den Gerichten als nichtig abzulehnen."

„Wer Territorialmandate oder Anweisungen auf solche in Zahlung zu nehmen sich weigert, wird das erste Mal zu einer Geldstrafe im Betrage der abgelehnten Summe, das zweite Mal zur doppelten Strafe und das dritte Mal zu 10 Jahren Gefängnis verurteilt . . ." (Art. 3).

Wer in Rede oder Schrift die Mandate herabsetzt, wird das erste Mal zu einer Strafe von mindestens 100 Livre, höchstens aber 10000 Livre, im Rückfalle zu 4 Jahren Zwangsarbeit verurteilt (Art. 2).

Dieses Dekret, das nach dem Inhalt des Artikels 1 „Strafgesetz gegen die Hersteller und Verbreiter von falschen Mandaten" genannt wurde, wurde auf besondere Verfügung des Direktoriums vom 7. April 1796 bei Trompetenklängen in allen Gemeinden der Republik veröffentlicht.

Aber das Direktorium kämpft gegen den Metallumlauf nicht so entschlossen und konsequent wie der Konvent der Zeit Cambons und Robespierres. So verbietet es zwar am 18. März 1796 in dem Dekret über die Ausgabe der Mandate den Verkauf von Gold und Silber in Münzen (Art. 15), keineswegs aber in Barren.

Nicht genug damit: durch ein besonderes Gesetz vom 29. April 1796 (10. Floréal des Jahres IV) schafft der Rat der Fünfhundert das alte Gesetz vom 23. Brumaire des Jahres II ab. Dieses hatte vorgeschrieben, alles vergrabene oder sonstwie verborgene Edelmetall, einerlei ob in Münzen, in Barren oder Wertgegenständen, zu konfiszieren, und jeden, der ein solches Versteck angebe, mit dem halben Wert des Versteckten zu belohnen.

Aber entscheidend war nicht diese inkonsequente Währungspolitik des Direktoriums, das nicht die Kraft hatte, seinen Vorschriften im Leben Geltung zu verschaffen. Das Münzgeld hatte zu dieser Zeit schon alle Kanäle des Umlaufs angefüllt und alle Funktionen des Geldes wieder übernommen.

Und da es für den Handelsverkehr ungeheure Vorzüge vor dem in seiner Bewertung überaus stark schwankenden und immer tiefer fallenden Papiergeld aller Art hatte, so widersetzte sich der Verkehr aktiv der Beseitigung des Münzgeldes.

So gelangte die große Masse der Territorialmandate nicht als Ersatz für zu verdrängendes Metallgeld und nicht im Austausch gegen Assignaten in den Umlauf, sondern ergänzte sie beide überflüssigerweise und zum Schaden des Verkehrs, der jede Einheit von ihnen um so geringer bewertete, je mehr ausgegeben wurden, und je überflüssiger und schädlicher die neu hinzukommende Papiergeldeinheit war.

Zu Anfang, als die ersten Territorialmandate ausgegeben wurden, bewertete sie der private Verkehr in bezug auf Assignaten höher als das Direktorium. Man gab für 1 Mandateinheit 36 Assignateneinheiten, während das amtlich festgesetzte Tauschverhältnis 1 : 30 war.

Diese interessante Tatsache ist nur dadurch zu erklären, daß die Mandate im ersten Augenblick von Personen begehrt wurden, die mit ihnen Staatsgrundbesitz nach der festgesetzten Bewertung zu erwerben gedachten. Die erste Ausgabe wurde also nicht als universales, sondern als ein spezialen Zahlungsmittel aufgenommen, das mit der besonderen Fähigkeit, zur Bezahlung von Staatsgrundbesitz zur festgesetzten Bewertung verwandt werden zu können, ausgestattet war, und für das man also in Assignaten, welche diesen Vorzug nicht hatten, mehr als den amtlich festgesetzten Preis zahlen konnte.

Aber diese erhöhte Bewertung der Mandate in Assignaten wurde schnell ausgeglichen, und wichtiger ist, daß sie in Metall gleich von Anfang an mit 18% ihres Nennwertes bewertet wurden.

Und dieser schon niedrige Kurs der Mandate begann dann noch schneller zu fallen als die Assignaten in letzten Monaten vorher.

Während die Mandate (und die Restriktionen, von denen schon vorher 60 Millionen ausgegeben worden waren und die das Gesetz mit ihnen gleichgestellt hatte) vermehrt wurden, bewegte sich ihr Preis in Metall ausgedrückt wie folgt:

Tabelle 15.

1796	Ausgegeben	Preis für 100 Livre Mandate in Metall (Livre)
10. April	60 700 000	18,00
1. Mai	138 045 325	12,05
1. Juni	495 004 025	7,05
1. Juli	1 355 315 975	7,25
1. August	1 962 067 475	3,50
1. September	2 383 855 875	2,45
10. September	2 400 000 000	5,13

(Die Bewegung des Kurses der Mandate ist in dem Diagramm Nr. 2 durch die Linie dargestellt, welche die den Assignatenkurs veranschaulichende Linie für das Jahr 1796 fortsetzt.)

Da die reale Entwertung der Mandate mit solcher Schnelligkeit vor sich geht, verzichtet das Direktorium darauf, weiterhin den legalen Wert der Mandate auf der Höhe ihres Nennwertes zu erhalten.

„Da dem Handel seine Aktivität und den Geschäften der Bürger die Freiheit zurückgegeben werden muß, welche schnelle Besserung in allen Teilen der Volkswirtschaft gewährleistet", so verfährt der Rat der Fünfhundert durch das Gesetz vom 23. Juli 1796 (5. Thermidor des Jahres IV) mit den Mandaten wie die Gesetze vom 25. April und vom 4. Juni 1795 mit den Assignaten: er nimmt ihnen die Bedeutung als einziges gesetzliches Zahlungsmittel und stattet das Münzgeld mit derselben Geltung aus; der private Verkehr mag das Verhältnis ihrer Werte frei bestimmen.

Die beiden Gesetze schaffen zwar den Zwangspreis für die beiden Papiergeldarten ab, belassen ihnen aber die Aufdrängbarkeit, d. h. sie lassen die Verpflichtung bestehen, sie zum Kurs in Zahlung zu nehmen.

Nachdem das Direktorium für den privaten Geschäftsverkehr diesen Grundsatz aufgestellt hat, beginnt es, da der Zetteldruck nicht mehr soviel Mittel, wie es braucht, liefert, die Steuern und anderen Einnahmen aufzuwerten.

Dabei werden zwei Methoden angewandt. Die erste besteht in der Umrechnung der Steuersätze und zu erwartenden Einnahmen nach dem Warenwerte der Mandate, der damals Repräsentativwert (valeur représentative) genannt und auf Grund des Preises der wichtigsten Ware, des Getreides, berechnet wurde.

Jeder Frank (Livre) des Steuersatzes ist in Mandaten im Betrage des Tagespreises von 10 Pfund Weizen zu zahlen.

Diese Methode wurde zum ersten Male zur Neuberechnung der Grundsteuer für das Jahr IV schon durch das Gesetz vom 26. Juli 1796 (8. Messidor des Jahres IV) angewandt und am folgenden Tage auf die Berechnung der vertraglichen Pachtschillinge ausgedehnt, sie war also schon fast einen Monat vor der formellen Verkündung des Grundsatzes der (Metall-) Kursbewertung der Mandate für den privaten Geschäftsverkehr eingeführt.

Aber einige Tage darauf wich man von dem Grundgedanken der Aufwertung ab: der Preis des Pfundes Weizen sollte immer auf 16 Sou berechnet werden (Gesetz vom 2. Juli 1796 — 21. Messidor des Jahres IV). Infolgedessen ging der Charakter der gleitenden Skala verloren, nach der die Beträge der Zahlungen sich gemäß der in den Warenpreisen zum Ausdruck kommenden Entwertung des Papiergeldes änderten.

Aber auch als die Bewertung der Mandate nach dem Kurs bei allen Geschäften unter Privaten formell schon anerkannt war, bewerten die Gesetze über die Neuberechnung der Registrierungssteuer, der Zölle und der Schiffahrtsabgaben (Gesetze vom 1. Aug. 1796 / 14. Thermidor des Jahres IV) die Mandate bei Zahlungen an den Staat nach ihrem Repräsentativ- (Waren-) Wert (mit der angegebenen Einschränkung).

Das an demselben Tage erlassene Gesetz über den neuen Stempelsteuertarif schreibt Zahlung in Münzgeld vor (Art. 4).

8. Aber schon am vorhergehenden Tage wird in dem Gesetze über die Bezahlung des letzten Viertels des Preises für Staatsgrundbesitz die zweite Methode angewandt, wonach das eingezahlte Papiergeld nach dem Kurs der Mandate in Metall umgerechnet wird.

Dieser Grundsatz wird bald darauf durch das Gesetz vom 9. Aug. 1796 (22. Thermidor des Jahres IV) verallgemeinert.

„Da die Erhebung der Steuern, ohne das Interesse der Allgemeinheit zu schaden, nicht verzögert werden kann, und da es ebenso gerecht wie notwendig ist, die Besitzer und Steuerzahler anzutreiben, Werte einzuzahlen, welche die Existenz der einen und den Dienst des anderen sicherstellen können ..., bestimmt der Rat der Fünfhundert, daß künftig alle Steuern entweder in Münzgeld oder in Mandaten zu erheben sind, wobei der Wert der letzteren nach dem Kurse zu berechnen ist."

Der Kurs soll täglich durch die Staatskasse veröffentlicht werden. Das Direktorium soll (an jedem 1. und 6. Tage der Dekade) den Durchschnittskurs für die fünf vorhergehenden Tage mitteilen; solche Mitteilungen werden in alle Departements versandt und unverzüglich allen Steuereinnehmern übermittelt und sind bei Zahlungen im Laufe der folgenden fünf Tage maßgebend.

Die erste derartige Kursfestsetzung für eine halbe Dekade wird in den Verordnungen des Direktoriums vom 13. Aug. 1796 (26. Thermidor des Jahres IV) veröffentlicht; die weiteren folgen regelmäßig in Abständen von fünf Tagen im Laufe der folgenden Monate.

Das Direktorium hatte zwar darauf verzichtet, den Wert der Territorialmandate gesetzlich festzulegen und den Grundsatz ihrer Bewertung nach dem Kurse angenommen; aber anfangs hegte es doch noch die Hoffnung, ihren Kurs mit Hilfe anderer Methoden zu heben.

Und in der Tat: im August 1796, als der Verkauf des Staatsgrundbesitzes einsetzt, steigt der Kurs der Mandate, die hier das billigste Mittel zum Erwerb realer Werte sind, schnell an: er verdreifacht sich beinahe im Laufe einiger Tage. 100 Livre in Mandaten notieren in Metall

am 28. August	2 Livre	9 Sou
„ 31. „	2 „	$14\frac{1}{2}$ „
„ 2. September	3 „	6 „
„ 3. „	3 „	$17\frac{1}{2}$ „
„ 4. „	3 „	6 „
„ 5. „	3 „	7 „

am 6. September . . . . 3 Livre 16 Sou
„ 7. „ . . . . 3 „ 19 „
„ 8. „ . . . . 5 „ 5½ „
„ 9. „ . . . . 7 „ — „

Aber der Landverkauf wird wieder eingestellt, weil er bei der damaligen Entwertung der Mandate zu einer beinahe unentgeltlichen Verteilung des Staatsvermögens wird, und sogleich fällt der Kurs der Mandate ebenso schnell wieder auf den früheren Stand.

Auffällig aber ist, daß der Kurs der Mandate in den folgenden Monaten bis zum Ende des Jahres 1796 eine überraschende Stabilität zeigt und nur zwischen 2 und 4 Livre für 100 schwankt.

16. September . . . . 4 Livre 1 Sou
1. Oktober . . . . 3 „ 16¼ „
16. „ . . . . 4 „ 2 „
1. November . . . . 4 „ 4¾ „
16. „ . . . . 2 „ 17½ „
1. Dezember . . . . 2 „ 14¾ „
16. „ . . . . 2 „ 8¼ „
25. „ . . . . 2 „ 2¼ „

Diese Verlangsamung der Entwertung erklärt sich anscheinend daraus, daß sich der Papiergeldumlauf nicht weiter vergrößert.

Nach dem Mißlingen dieses letzten Versuches, den Wert der Mandate zu heben, beschließt das Direktorium endgültig mit der Papiergeld= währung und dem System der Emissionswirtschaft zu brechen.

Die Durchführung dieses Beschlusses stößt allerdings auf ge= waltige Schwierigkeiten; die realen Ausgaben müssen sehr eingeschränkt, die dringendsten Zahlungen weit verschoben werden; das ganze Jahr 1796 steht im Zeichen dieser Stockungen.

Die Minister pflegten ihren Kontrahenten Anweisungen auf die Staatskasse auszustellen. Aber die Staatskasse bezahlte nicht, und diese Anweisungen wurden zu fallenden Preisen weiterverkauft und wurden zum Gegenstand einer rastlosen Spekulation.

Die Kassen des Staates waren leer. An keinem Tage konnte man wissen, was am folgenden werden würde. Schon im Jahre 1795 wurde einmal beschlossen, die Beamtengehälter nicht auszuzahlen. Dann er= klärte man, der bureaukratische Apparat sei zu groß, und entließ in kurzer Zeit 12000 Beamte. In der Tat war die Staatsmaschine mit überflüssigen Schreibern und Beamten überlastet.

Als Napoleon Bonaparte mit seinen Truppen im Februar 1796 vom Direktorium nach Italien gesandt wurde, konnten kaum 2000 Livre für ihn zusammengebracht werden.

Die Regierung beschloß aber doch Ende Oktober 1796, allmählich zu Zahlungen in Münzgeld überzugehen.

Das Gesetz vom 25. Okt. 1796 (4. Brumaire des Jahres IV) ordnete an, daß vom 1. Vendémiaire (22. September) an gerechnet den Beamten und Angestellten ihre Bezüge zur Hälfte in Münzgeld, zur Hälfte in Mandaten auszuzahlen seien, wobei 100 Livre in Mandaten gleich 6 Livre in Metall sein sollten [1].

Den Zollbeamten dagegen sollte nach einem Sondergesetz vom 5. Nov. (15. Brumaire) ihr ganzes Gehalt vom 1. Brumaire (22. Okt.) ab in Gold ausgezahlt werden.

Mit dem 1. Nivôse (21. Dez. 1796) wird diese Anordnung auf alle Beamten und Angestellten ausgedehnt.

Diese Anordnungen konnten, wenn auch nur teilweise und mit Verspätungen, weitgehend durchgeführt werden, weil sich infolge der Siege Bonapartes und der zahlreichen Kontributionen, die seine Truppen von den besiegten Herrschern eintrieben, ein ununterbrochener Goldstrom nach Paris ergoß.

Schon im Sommer 1796 brachte Desermon diesen Umstand zugunsten der Assignaten vor. „Die Mandate haben Ihnen große Dienste erwiesen," sagte er in der Sitzung vom 4. Juni zu dem Rate der Fünfhundert. „Hätte die italienische Armee ohne sie wirken können? Und jetzt tauscht sie sie gegen das Gold unserer Feinde ein. Schon viele Millionen Kontribution kommen aus Italien, um verschiedenen Zweigen des öffentlichen Dienstes zu helfen."

Die letzten Akte der Geschichte der Abschaffung der französischen Papiergeldwährung fallen in das Frühjahr 1797.

Das Gesetz vom 4. Febr. 1797 schafft den Zwangskurs der Territorialmandate ab.

Die eigentlichen Mandate waren bis zu diesem Zeitpunkt noch nicht fertiggestellt, so daß in der ganzen Geschichte der Mandate nur die vorläufigen Anweisungen auftreten.

---

[1] Real werden dadurch alle Gehälter auf 56% herabgesetzt.

Da der Zwangspreis der Mandate für den privaten Geschäftsverkehr schon lange vorher abgeschafft war und auch der Staat sie nur noch nach ihrem Kurswert in Zahlung zu nehmen begonnen hatte, so bedeutete die Abschaffung des Zwangskurses für den privaten Geschäftsverkehr nur die Abschaffung ihrer Aufdrängbarkeit.

„Da der geringe Wert der noch im Umlauf befindlichen Mandate sie für die Geschäfte unter den Bürgern unnütz macht, sie aber die den Interessen der Staatskasse schadende Spekulation ermutigen und dazu beitragen, die gefährlichen Komplikationen in der Rechnungsführung über die öffentlichen Abgaben andauern zu lassen", so ordnet der „Rat der Fünfhundert nach Anhörung seines Finanzausschusses" die Abschaffung des Zwangskurses (cours forcé de monnaie) der Mandate für Geschäfte unter Privaten an (Art. 1).

Zugleich stellt das Direktorium die Veröffentlichung des Kurses der Mandate ein (Art. 2). In den nächsten 1½ Monaten, bis zum 1. Germinal (21. März) sollen die Staatskassen Mandate in Zahlung nehmen (und zwar zu dem letzten veröffentlichten Kurs): für die Steuerrückstände aus den vorhergehenden Jahren, die Zwangsanleihe, für verkauften Staatsgrundbesitz und für nur zwei Sechstel des letzten Viertels der Kaufsumme für Ländereien, die in Ausführung des Gesetzes vom 28. Ventôse des Jahres IV verkauft worden sind.

Nach Ablauf dieser Frist sind Mandate nur noch zur Bezahlung zu verkaufenden Staatsgrundbesitzes anzunehmen, jedoch müssen sie gegen Empfangsbescheinigungen der Staatskasse umgetauscht werden (Art. 3—4).

Aber auch in diesem Falle kann nur die Hälfte des Preises mit Mandaten bezahlt werden; die andere Hälfte muß in Metall oder diesem gleichstehenden Werten entrichtet werden (Art. 9).

Die Mandate aber, welche sich in den Staatskassen befinden oder in der Folge bei diesen eingehen, sind sofort zu annullieren; unter keinem Vorwande dürfen sie wieder in den Verkehr gebracht werden (Art. 11).

Diese Bestimmungen werden eine Woche später (Dekret vom 10. Febr. 1797/10. Pluviôse des Jahres V) auf die noch umlaufenden Assignaten von 100 Livre und mehr ausgedehnt; auch diese sollen in derselben Frist und zu denselben Bedingungen wie die Mandate nach dem gewöhnlichen Verhältnis von 30 : 1 eingezogen werden.

Am 1. April 1797 fordert die Staatskasse in Ausführung der Vorschriften über die Vernichtung der Papiergeldzeichen den Bestand der lokalen Kassen an solchen ein.

Am 25. und 28. Januar endlich nehmen die beiden gesetzgebenden Kammern eine Verordnung an, nach der alle Gegenstände, die der Herstellung der Mandate gedient haben, an Bevollmächtigte des Direktoriums zur Vernichtung abzuliefern sind.

Viertes Kapitel.
Die kreditwirtschaftlichen Folgen und die finanziellen Ergebnisse der Emissionen.

1. Der Währungsverfall hindert das Geld, seine volkswirtschaftlichen Funktionen als Wertmesser und Tauschmittel zu versehen; bleiben die Versuche, ihm entgegenzuwirken, erfolglos, so versucht man, das Geld zu „entthronen", den geldlosen Güteraustausch zu organisieren.

Wurde der Tausch früher vermittelt durch materielle Übergabe von Geldzeichen, eines Äquivalentes, in welchem die besonderen Qualitäten der Waren ausgelöscht sind und dessen Besitz den Einzelwirtschaften die Wahl und Verteilung des gewünschten Warenäquivalentes ganz freistellt, so versucht man jetzt, ohne dies vermittelnde Glied auszukommen.

Dieses Streben nach einer Naturalisierung der Wirtschaft tritt in der französischen Revolution vor allem in der Staatswirtschaft auf, die besonders unter dem unerwarteten Währungsverfall leidet.

Wie wir sahen, blieben die Neuausgaben von Papiergeld im Jahre 1795 immer weiter hinter der Entwertung zurück und brachten der Staatskasse seit der Abwendung von der aktiven Wirtschaftspolitik real immer weniger ein. Besonders als das System der Höchstpreise, das 1½ Jahre bestanden hatte, erhob sich die Aufgabe, den Realwert der Staatseinnahmen zu sichern.

Man schlug dazu die Naturalsteuer vor. Vor allem empfiehlt man diesen Gedanken im Hinblick auf den Heeresbedarf, jedoch gibt man ihm grundsätzlich eine breitere Grundlage: man sieht in ihm ein Mittel, den Verfall der Währung infolge der Emissionen zu bekämpfen.

Als zu Anfang der Revolution das Erbe des Feudalismus, die Fronarbeit und die Abgaben an den Grundherrn wie alle Formen der unmittelbaren sozialen Unterordnung und Verpflichtungen zu Natural=

leistungen abgeschafft worden waren, hatte die Verfassunggebende Nationalversammlung durch das Dekret vom 1. Dezember 1790 verfügt, daß alle Steuern in Geld und nicht in Natur zu entrichten wären. Schon damals war der Abgeordnete Dubois=Crancé dagegen gewesen. Dieser brachte jetzt seinen Gedanken der Naturalsteuer wieder vor: am 5. Mai 1795 sagte er im Konvent: „Ich schlage Ihnen ein einfaches Mittel vor, um den Unterhalt der großen Städte, besonders Paris', und des Heeres ohne neue Schulden, ohne einen einzigen Assignaten ausgeben zu müssen, zu sichern." Dieses Mittel bestehe darin, die Steuern in Natur auf Grund der Sätze für das Jahr 1790 entrichten zu lassen. Nur so könne man das Gleichgewicht zwischen öffentlichen und privaten Ausgaben und Einnahmen wiederherstellen, so werde man es vermeiden können, neue Assignaten in Umlauf zu setzen, deren Überfluß die Redlichen zugrunde richte und nur die Spitzbuben bereichere. Erreiche man die Entrichtung der Steuern in Holz, Öl, Hanf und Korn nach den Sätzen von 1790, so brauche die Staatskasse nicht nur keine Assignaten mehr auszugeben, sondern könne sogar eine gewisse Menge davon einziehen, indem sie jene Waren verkaufe. So werde man die Gleichwertigkeit zwischen Waren und Papiergeld, zwischen dem Papiergeld und der Mark Silber wiederherstellen.

Dieser Vorschlag veranlaßte lebhafte Erörterungen im Konvent. In der folgenden Sitzung teilte der Abgeordnete Rovère mit, daß im Departement Var die Naturalsteuer auf die Initiative der lokalen Behörden die Naturalsteuer schon erhoben werde; der Abgeordnete Durand=Mailland berichtete das gleiche aus vielen Gemeinden des Departements Bouches=du=Rhône und erinnerte daran, daß dieser Gedanke dem Konvent zum ersten Male von dem Abgeordneten Beffroi vorgeschlagen worden wäre und daß er selbst für die Naturalsteuer geschrieben hätte.

Das Endziel der von Dubois=Crancé vorgeschlagenen Naturalisierung wurde wenigstens von einigen seiner Zeitgenossen verstanden. Das zeigt ein Artikel von Duchez, der am 27. Prairial des Jahres III (15. Juni 1795) im „Moniteur Universel" erschienen ist. Duchez fragt, ob Naturalpachten, Naturalsteuern und Naturallöhne Geldzeichen überflüssig machen. Er lehnt allerdings den Plan entschieden ab: die Naturalsteuer sei annehmbar nur da, wo der Handel gering sei und es wenig Geldzeichen gebe, Frankreich aber habe $2/3$ aller Geldzeichen Europas.

Unterdessen schlägt Jean-Bon-St.-André dem Konvent eine andere Form der Naturalisierung der Steuern und des Güteraustausches vor. Er meint, wenn man die Edelmetalle der Wertvergleichung zugrunde lege, so erhielte man ein falsches Maß, das den ganzen Handel den Ausländern ausliefere; denn diese hätten mehr Edelmetall. Er schlägt deshalb vor, der Warenbewertung das Korn zugrunde zu legen: Geldeinheit soll der Quintal Korn sein; Preise und Löhne sollen in Weizen berechnet und in Assignaten bezahlt werden (und zwar nach dem Weizenpreise des betreffenden Monates und Ortes). Vermehrt werden können sollen die Assignaten nur auf Verlangen von Bürgern, die als Sicherheit Grundbesitz bieten, dessen Wert die verlangte Summe übersteigt.

Jean-Bon lehnt entschieden jede Demonetisierung der Assignaten ab; denn niemand könne die Folgen der Erschütterung voraussehen, die der soziale Organismus durch diese Maßnahme erleiden werde: das Gleichgewicht zwischen Lohn und Warenpreisen könne sich ja nicht so schnell herstellen wie die Demonetisierung erfolgen könne. Er will die beiden Hauptfunktionen des Geldes voneinander trennen. Die Assignaten sollen Tausch- und Zahlungsmittel bleiben, Wertmesser aber soll das Korn werden, dessen Preis den ökonomischen Wert der Assignaten bestimmen soll.

Diese gesetzliche Trennung der Geldfunktionen würde den tatsächlichen Verhältnissen insofern entsprochen haben, als die Assignaten damals schon nicht mehr Wertmesser waren. Dies wurden die Edelmetalle, immer mehr Münzgeld kehrte in den Umlauf zurück. Allerdings wollte Jean-Bon die Rolle des Wertmessers dem Hauptprodukt des Landes, dem Korn, übertragen; aber dieser Unterschied war damals unwesentlich, weil die Preisänderungen von Gold und Korn in Assignaten fast die gleichen waren: aus der Rede des Abgeordneten Cressons vom 25. November 1795 erfahren wir, daß Gold und Korn auf das 150 fache, andere Waren, z. B. Fleisch, aber nur auf das 40 fache gestiegen waren.

Der Antrag Jean-Bons wurde dem Ausschuß überwiesen, aber nicht verwirklicht, weil der Konvent damals die Entwertung der Assignaten noch nicht so klar als vollendete Tatsache anerkennen wollte.

Dagegen wurde der Entwurf Dubois-Crancés nach vielen Debatten teilweise genehmigt. Das Dekret vom 3. Thermidor des Jahres III (21. Juli 1795) ordnete an: Die Grundsteuer sollte im laufenden Jahre (1794/95) halb in Assignaten und halb in Korn zu entrichten sein. Das

Gesetz bestimmte die Qualität (Weizen, Roggen, Gerste und Hafer) und die Menge (nach den Metallgeldpreisen des Jahres 1790). Wer nur für den eigenen Verbrauch (bis zu 400 Pfund Weizen oder 500 Pfund anderes Getreide je Familienmitglied) oder andere als die im Gesetz bezeichneten Getreidearten erzeugte, konnte anstatt Getreide den Marktpreis der eigentlich erforderlichen Getreidemenge in Assignaten entrichten.

Das Gesetz vom 24. Fructidor (10. September 1795) erhöhte den Naturalteil der Steuer auf ¾ des Grundbetrages, das Gesetz vom 4. Dezember änderte einige Einzelheiten.

Auch versuchte die Gesetzgebung einen wichtigen Teil des privaten Verkehrs zu naturalisieren, nämlich die Landpachten. Um die Entrichtung der Naturalsteuer durch die Verpächter zu sichern, sollten die Pächter die Hälfte der Pacht in Getreide entrichten, auch wenn der Vertrag Geldpacht vorsah. Nur wenn der Pächter die Steuer entrichtete, konnte er den naturalisierten Teil der Pacht entsprechend verkleinern.

Das Dekret vom 8. Messidor des Jahres IV (26. Juni 1796) verwirklicht auch einen Gedanken Jean-Bons: Jeder eingetragene Steuerzahler soll für je 1 Frank Steuer den Wert von 10 Pfund Weizen in Papiergeld entrichten[1]. Ferner aber erhält das Direktorium das Recht, von jedem Zahler, dessen Eigentum Brot- oder Futtergetreide hervorbringt, die Entrichtung der Steuer zur Hälfte in Getreide zu fordern.

Am 27. Messidor des Jahres IV (15. Juli 1796) ordnete das Direktorium die Erhebungsweise der naturalisierten Steuerhälfte und bestimmte, daß der Grundeigentümer vom Pächter nur ¼ des vereinbarten Pachtschillings in Natur fordern dürfe.

Aber schon das Gesetz vom 22. Thermidor des Jahres IV (9. August 1796) ersetzte die Naturalleistung durch die Zahlung in Metallgeld oder in Papiergeld nach dem Kurs. Dubois-Crancé, der den Anstoß zur Einführung der Naturalgrundsteuer gegeben hatte, gab zu, daß die eingegangenen Produkte gestohlen und verdorben wären und dem Staat fast nichts eingebracht hätten. Und noch ein Jahr später beantragte er die Bestimmung des Gesetzes vom 18. Prairial des Jahres V (6. Juni

---

[1] Eine ähnliche Bestimmung enthält das Gesetz vom folgenden Tage über die Pachtzahlungen. Vierzehn Tage später wurde in Ausführung der beiden Gesetze der Weizenpreis auf 16 Sou das Pfund (in Mandaten, zu deren Bewertung nach dem Kurs man überzugehen im Begriff stand) festgesetzt.

1797), nach der die Grundsteuer im laufenden Jahre ausschließlich in Münzgeld zu entrichten war.

Noch ein Versuch, die Staatseinnahmen zu naturalisieren, wird bei der Zwangsanleihe des Jahres 1796 gemacht. Man kann die Zwangsanleihe nach Belieben in Metallgeld, Getreide oder in Assignaten entrichten; Metallgeld wird mit den Nennwert, der Assignat mit $1/100$ seines Nennwerts und Getreide zu den Preisen von 1790 angerechnet (Art. 7 des Dekretes vom 19. Frimaire IV / 10. Dezember 1796). Am 27. Nivôse IV (17. Januar 1796) verfügt das Direktorium, daß nach dem 30. Nivôse (20. Januar) alle Zahlungen auf die Zwangsanleihe in der Provinz halb in Metall oder Getreide und halb in Assignaten nach dem Kurs zu leisten sind. Um den Assignatenanteil zu vermindern, ordnet das Gesetz vom 19. Ventôse (9. März 1796) an, daß bei Fristüberschreitungen für jede Metallgeldeinheit 110 Assignateneinheiten, vermehrt um soviel Einheiten, wie die Fristüberschreitung Tage umfaßt, zu entrichten sind.

Dennoch werden fast $3/4$ der Zwangsanleihe, von der überhaupt nur $1/4$ der vorgesehenen Summe eingeht, in Assignaten entrichtet und $1/4$ in Metallgeld. In Getreide geht nur ein ganz kleiner Teil ein: Die Naturalisierung der Zwangsanleihe scheitert ebenso wie die der Grundsteuer.

1. Zu den wichtigsten Aufgaben bei der Liquidierung eines desorganisierten Geldwesens gehört die Neuordnung der Schuldverhältnisse.

Diese können sich nicht der Entwertung der Geldeinheit automatisch anpassen, denn sie lauten auf einen festen Nennbetrag. Diese Festsetzung beruht auf dem gewöhnlich stabilen Wert der Geldeinheit.

Daher zerstört die Entwertung der Geldeinheit durch die Emission den eigentlichen ökonomischen Inhalt der Schuldverpflichtungen: Der Schuldner kann seine Schuld mit entwerteten Zetteln abtragen, der Gläubiger erhält nur einen Teil des hingegebenen realen Wertes zurück; die Geldentwertung bereichert den Schuldner, sie beraubt den Gläubiger.

Die Geschichte der Emissionswirtschaft der französischen Revolution, deren Geld in so katastrophalem Maße entwertet wurde, berichtet von mehreren Versuchen, gegen diese Verhältnisse anzukämpfen.

Die Initiative dazu gehörte Jean-Bon St. André, der auch gleich den Plan angab, nach welchem Kreditgeschäfte unter Privaten in den folgenden Jahren geordnet wurden.

In seiner Argumentation ging Jean-Bon dabei von der Notwendigkeit aus, gegen die Entwertung der Assignaten als solche zu kämpfen.

„Ich weiß," sagte er in der Sitzung vom 17. Mai 1795, „das Mißtrauen gegen unser Geldzeichen ist eine der Ursachen der traurigen Lage, in der wir uns befinden. Woher kommt dieses Mißtrauen? — Von der Verletzung der Gerechtigkeit.

Eine beständige und unveränderliche Gerechtigkeit sichere jedem das seine; die Regierung zahle, wem sie schuldig ist, und lasse sich zahlen, was man ihr schuldig ist; verlasse jeder den Zustand des Bankrotts, in dem er sich jetzt befindet — dann wird das Vertrauen neu erstehen, und Sie kommen aus dem Labyrinth heraus, in dem Sie sich verirrt haben.

Es ist nötig, ein Muster der Beständigkeit aufzustellen, das weder Sie noch jemand anders ändern kann; es ist nötig, die Verträge in Kraft zu erhalten und sie nach den Bedingungen auszuführen, das ist das Mittel, um das Gleichgewicht zwischen den Preisen der Produkte und Ihrem Repräsentativgeld (monnaie représentative) herzustellen.

Es ist nötig, eine allgemeine Maßnahme, die für alle Anwendung findet, durchzuführen. Ich wünsche, der Konvent möge anfangs ein grundlegendes Prinzip für die öffentlichen und privaten Geschäfte aufstellen und dann die große Frage auf die Tagesordnung setzen, ob nicht eine beständige und unveränderliche Wertskala, nach der alle Verträge auszuführen sind, aufzustellen ist."

Dieser Vorschlag wurde mit Beifall aufgenommen und zehn Tage später legte Defermon dem Konvent einen Entwurf über die Aufstellung einer Wertskala (échelle de gradation) für alle Arten von Verträgen vor, der auch von Jean-Bon selbst unterstützt wurde.

Aber in der nächsten Zeit wurde die Aufmerksamkeit des Konvents auf die Frage der Regulierung der Staatseinnahmen gelenkt. Derselbe Grundsatz wurde anders angewandt. Der Bürger J. B. P. Fr. Maurice legte dem Konvent handschriftlich unter der Überschrift „Moyens de rétablir l'ordre dans les Finances" eine Denkschrift vor, in der er vorschlug, die Steuersätze im Verhältnis der nach den ökonomischen Gesetzen eingetretenen Entwertung, wie sie sich nach der Quantitätstheorie bestimmt, d. h. streng proportional der Vergrößerung der Geldmenge abzuändern.

Dieses Prinzip wird von der gemeinsamen Sitzung der vier Ausschüsse des Konventes gutgeheißen und dem allgemeinen Plan der

Finanzreformen, über den Revebelle dem Konvent Bericht erstattet, zugrunde gelegt.

In ihm ist von grundlegender Bedeutung die Neuberechnung aller Zahlungen an den Staat nach einer bestimmten Skala, welche die zu zahlenden Beträge von der Menge der im Umlauf befindlichen Geldzeichen abhängig macht. Aber von den Geschäften unter Privaten werden hier diesem Grundsatz nur die Bodenpachten unterworfen. Es handelt sich also um eine Sonderbestimmung zum Schutz der Interessen der Bodeneigentümer.

Aber dieses Dekret vom 3. Messidor des Jahres III (21. Juni 1795) wurde bald nach seiner Veröffentlichung wieder abgeschafft und hatte praktisch überhaupt keine Bedeutung; wir erwähnen es nur als ersten Versuch der Gesetzgebung, durch ein ganz neues Prinzip den Widerspruch zwischen der Beständigkeit des legalen Wertes der Geldeinheit und dem andauernden Sinken ihres realen Wertes zu überwinden.

Die ersten praktischen Maßnahmen zur Ordnung der Schuldverhältnisse unter Privaten waren vorbereitender Art und sollten die unbillige Tilgung von Schulden in entwertetem Gelde unmöglich machen; sie brachten noch nicht die Aufwertung selbst.

Solche vorbereitenden Maßnahmen wurden sowohl in der Presse als auch in Bittschriften an den Konvent gefordert.

Am 13. Juli 1795 (25. Messidor des Jahres III) nimmt der Konvent ein Dekret an, das Rückzahlungen von Schulden vor der verabredeten Frist verbietet.

Aber diese Hinausschiebung ruft sofort den Protest der Gruppen hervor, die an der Entscheidung der Frage im entgegengesetzten Sinne interessiert sind, und schon zwei Tage später wird im Konvent ein Antrag auf Abänderung der angenommenen Bestimmung eingebracht. Erfolg hat dieser Antrag nicht, aber auch der des Ausschusses für Gesetzgebung, die Tilgung auch für einige nach dem 1. Jan. 1792 eingegangenen Verpflichtungen zu verschieben, wird abgelehnt (9. Vendémiaire des Jahres IV).

Als der Rat der Fünfhundert den Konvent ablöst (ein Gesetz vom 12. Frimaire des Jahres IV / 3. Dez. 1795), dehnt er die Geltung des Gesetzes vom 25. Messidor fakultativ auf alle nicht kommerziellen Verbindlichkeiten überhaupt aus.

„Da der Rat der Fünfhundert die Pflicht hat, jenen Diebstählen, welche böswillige Schuldner täglich an ihren Gläubigern begehen, Ein=

halt zu tun," bestimmt er: „Jeder Gläubiger, der meint, durch ein Angebot der Zahlung oder Tilgung einer Schuldsumme aus irgendeinem öffentlichen oder privaten Schuldverhältnis, das vor dem 1. Vendémiaire eingegangen worden ist, geschädigt zu werden, hat bis zur Abschaffung dieser Verordnung das Recht, ein solches Angebot abzulehnen. Ausgenommen sind die von einem Kaufmann einem andern ausgestellten Handelswechsel."

2. Nachdem Ende März 1796 die Territorialmandate geschaffen worden waren, trat die Frage in eine neue Phase ein.

Die Mandate hatten die gleiche Geltung wie das Metallgeld, mit ihnen konnte man alle Verpflichtungen, die auf ein vollwertiges Zahlungsmittel lauteten, decken. Dahin gehörten zwei Gruppen von Verpflichtungen: 1. solche, die vor dem Beginn der Entwertung des Papiergeldes eingegangen worden waren, und 2. solche, die auf Metall lauteten, wenn sie auch eingegangen waren, nachdem die Entwertung der Assignaten schon begonnen hatte.

Verpflichtungen aber, die in Papiergeld, während die Entwertung im Gange war, abgeschlossen waren, sollten in den neuen vollwertigen Geldzeichen entsprechend dem Maße, in welchem die alten entwertet waren, als der Darlehnsvertrag abgeschlossen worden war, d. h. mit einem bestimmten Abzug vom Nominalwert abgegolten werden.

So war etwa der Gedankengang des Berichterstatters des Finanzausschusses Desermon.

Der Rat der Fünfhundert und der Rat der Alten erörtert den Gesetzentwurf über die Wiederaufnahme ausgesetzter Zahlungen eingehend, vorzüglich die Frage, ob die Aufwertung der Schulden wünschenswert sei; da der Gegenstand verhältnismäßig einfach ist, enthält die Beratung nur wenig theoretisch interessante Argumente. Die Vertreter der Kreditgeber, der Bourgeoisie, verteidigen die Aufwertung, die Vertreter der Kreditnehmer, der Besitzer und Bearbeiter des landwirtschaftlichen Bodens, lehnen sie ab.

Etwas interessanter ist nur der Aufbau der Skala (échelle de proportion) selbst, welche die Verhältnisse der geliehenen und der zurückzuzahlenden Summen angibt.

Der erste Entwurf, den der Finanzausschuß zur Aufwertung nur der Schulden aus der Zeit vor Schaffung der Mandate ausarbeitete, setzte für die Zeit vom Beginn sechs Stufen der Entwertung bis zur Beratung des Entwurfs (Dezember 1795) fest: je nach der Zeit des

Vertragsabschlusses waren mit 10, 8, 6, 4, 2 oder 1 Assignateneinheit für jede in dem Vertrage vorgesehene Einheit zu zahlen.

Nachdem die Mandate, die als dem Metall gleichwertig angesehen wurden, geschaffen waren, änderte sich die Frage formal.

Der Nennwert der Darlehen, die in schon teilweise entwertetem und sich weiter entwertendem Papiergeld gegeben waren, war nun nicht hinauf-, sondern herabzusetzen. Der zweite Entwurf des Ausschusses, über den Desermon Ende März 1796 berichtete, unterschied (in der „Tabelle zur Fixierung des realen Wertes der Beträge der Verpflichtungen, die seit dem 1. Jan. 1792 in Assignaten nach deren Nennwert eingegangen wurden") acht Stufen der Assignatenentwertung und setzte den Nennwert der Schulden bei Tilgung in Mandaten um 5—98% herab.

Der dritte Entwurf endlich, den der Ausschuß nach dreitägigen Debatten im Rate der Fünfhundert vorlegte, verdoppelte die Anzahl der Stufen von 8 auf 16 innerhalb derselben Grenzen.

Die zeitlich aufeinanderfolgenden Stufen der Entwertung waren, wie Rousseau, der Berichterstatter im Rate der Alten, versicherte, gebildet nach dem Metallkurs der Assignaten nach den Registern der Staatskasse und dem Wechselkurs auf Basel, der durch Berücksichtigung der Bewegung der inländischen Preise für Gegenstände des dringendsten Bedarfes ermäßigt worden war.

Das am 15. Germinal des Jahres IV (4. April 1796) angenommene Gesetz

a) schaffte die früheren Gesetze vom 25. Messidor und 12. Frimaire ab, welche die Aussetzung der Zahlungen eingeführt hatten;

b) schrieb für alle Verbindlichkeiten, die vor 1792 eingegangen waren oder bei denen Zahlung in Edelmetall ausgemacht war, Tilgung durch Mandate nach deren Nennwert vor; und

c) führte für die Berechnung des realen Wertes der Schuldverpflichtungen, die nach dem 1. Jan. 1792 eingegangen waren und keine solche Abmachung enthielten, eine gleitende Skala ein.

Nach dieser Skala sollten für 100 Franken bei Verpflichtungen, die 1792 eingegangen waren, 95 Frank in Mandaten zu zahlen sein, bei solchen, die im Januar/Mai 1795 übernommen worden waren, dagegen 85 Frank und so fort bis zu 2 Frank für 100 bei Geschäften aus dem Nivôse des Jahres IV und der folgenden Zeit.

Aber dies Gesetz verlor schon nach 3½ Monaten alle Bedeutung. Es hatte die Mandate in der Annahme, sie würden nicht nur nominal, sondern auch real dem Metall gleichwertig sein, zum gesetzlichen Zahlungsmittel erklärt; die katastrophale Entwertung der Mandate verminderte den Wert der Zahlungen aus Schuldverpflichtungen auf ein Zehntel und weniger. Am Vorabend der Aufhebung des Zwangspreises in Metall für Mandate und der Wiedereinführung der Freiheit, Geschäfte in beliebiger Valuta abzuschließen, wird daher das Gesetz vom 15. Germinal abgeschafft (Gesetz vom 29. Messidor des Jahres IV / 17. Juli 1796).

Aber nun können die Gesetzgeber im Laufe der ganzen folgenden zehn Monate keine neue Entwertungsskala schaffen und fassen keinen positiven Entschluß zur Regulierung der Schuldverhältnisse.

Das bedeutet keineswegs, daß sie diese Frage zurückgestellt haben. Im Gegenteil: sie steht ganze Wochen lang auf der Tagesordnung. Berichte der Ausschüsse und Debatten wechseln in ununterbrochener Reihe miteinander ab; jeder positive Entwurf wird in allen Einzelheiten beraten, verschwindet in einer Wolke von Zweifeln, wird mit anderen kombiniert — aber alles das bringt einer positiven Entscheidung nicht näher, weil die Interessengegensätze zu groß und aktuell sind. Erst im Februar 1797 rückt die Beratung unter dem Einfluß der Abschaffung des Zwangsumlaufes ein wenig voran.

Die Debatten berühren hauptsächlich 1. die Auswahl des Kriteriums für die Entwertung des Papiergeldes und 2. die Formen, in denen die Verpflichtungen, die in von der Entwertung erfaßten Zetteln abgeschlossen worden sind, je nach dem Ort und der Zeit des Vertragsabschlusses in Metall umzurechnen sind. Wenn wir alle Debatten zusammenfassen, so können wir folgende prinzipielle Momente hervorheben:

Was die erste Frage angeht, so werden folgende Kriterien empfohlen: a) der Metallkurs der Staatskasse; b) der Metallkurs der wichtigsten Handelszentren Frankreichs (Paris, Lyon, Marseilles und Bordeaux), deren Angaben miteinander kombiniert werden sollen (Antrag Beffroy); c) der Kurs der Staatskasse, der durch Angaben über die Veränderungen der Preise für Gold, Immobilien und Waren in den Departements zu berichtigen ist (Antrag Cambacérès); d) endlich der Kurs der Wechsel auf das Ausland, besonders auf Basel, der am richtigsten die durchschnittliche Bewertung der Assignaten im Lande widerspiegele (Antrag Thibaut).

Was aber die zweite Frage angeht, so bieten sich hier noch verschiedenartigere Entscheidungen dar.

Wollte man die Ortsverschiedenheit der Vertragsabschlüsse berücksichtigen und nicht eine einzige allgemeine Entwertungsskala für das ganze Staatsgebiet aufstellen, so konnte man entweder:

a) besondere Skalen für jedes Departement aufstellen oder

b) noch mehr ins einzelne gehen und die Kursunterschiede der einzelnen Städte und Ortschaften berücksichtigen.

Glaubte man die einzelnen Etappen der Entwertung in der Zeit gegeneinander abgrenzen zu müssen, so konnte man entweder:

a) ganze mehr oder weniger lange Zeitabschnitte (Halbjahre, Monate, Dekaden) bilden oder

b) die einzelnen Tage zugrunde legen, um den realen Wert des geliehenen Papiergeldes mit größter Genauigkeit zu bestimmen.

Bei der Aufwertung der Schulden konnte man entweder:

a) die allgemeinen Schemata (die einheitliche oder die Departementsskala) automatisch anwenden, oder

b) diese je nach den festzustellenden konkreten Verhältnissen, unter denen die betreffende Verpflichtung eingegangen war, abändern, oder

c) einfach mit Hilfe gerichtlich zu vernehmender Sachverständiger jeden einzelnen Fall in seiner ganzen durch die örtlichen Verhältnisse bestimmten Eigenart untersuchen.

Mit der Neuberechnung konnte man entweder a) die Lokalgerichte (Friedensrichter usw.) oder b) besonders zu diesem Zweck gebildete Kommissionen, die etwa paritätisch aus Landwirten und Kaufleuten zusammengesetzt gewesen wären, beauftragen [1].

Alle diese Elemente, die zu verschiedenen Zeiten in den Debatten erörtert wurden, wurden in den verschiedensten Verbindungen zu einer Reihe von konkreten Vorschlägen kombiniert.

Aber wie Ende Juli 1796 der Rat der Alten den Entwurf des Rates der Fünfhundert ablehnte, so lehnte die Erste Kammer genau ein Jahr später einen großen Teil der Arbeit der Zweiten Kammer ab.

Nur eine einzige von den fünf Verordnungen, die der Rat der Fünfhundert jetzt angenommen hatte, gelang es, im Rate der Alten

---

[1] Dieser letzte Vorschlag, der, wie wir unten sehen werden, von Tronson-Ducouray im Rate der Alten vorgebracht wurde, unterstrich wider Willen das eigentliche Wesen der Frage.

durchzubringen; sie wurde am 5. Messidor des Jahres V (23. Juni 1797) Gesetz.

Dieses schrieb nur vor, daß in jedem Departement Tabellen der aufeinanderfolgenden Bewertungen des Papiergeldes aufgestellt werden sollten, und zwar in den alten Departements Frankreichs für die Zeit seit dem 1. Jan. 1791, in den neuannektierten Gebieten und den Kolonien dagegen für die Zeit, seit welcher das Papiergeld in ihnen eingeführt war (Art. 2).

Denn wenn die Zeit der Umrechnung des Nennwertes der Verbindlichkeiten in Metallgeld kommen wird, so wird sie auf Grund der Bewertung des Papiergeldes durch die öffentliche Meinung (valeur d'opinion) im Augenblick und in dem Departement des Vertragsschlusses vorgenommen werden (Art. 1). Die Tabellen sollten für die Zeit des Nennwertzwangskurses des Papiergeldes aufgestellt werden, als deren Ende der Tag der Veröffentlichung des Dekretes vom 29. Messidor des Jahres IV (17. Juli 1796) angegeben wurde (Art. 3).

3. Die Aufstellung der Tabellen bei den örtlichen Behörden war folgendermaßen eingerichtet. Fünfzehn von der Behörde aufgeforderte Sachverständige sowie Vertreter der Departementsverwaltung kombinieren die Angaben über den örtlichen Kurs des Papiergeldes in Metall mit den Preisen für Immobilien, Produkte und Waren; als allgemeine Richtschnur dient ihnen die Zusammenstellung der Papiergeldkursnotizen der Staatskasse, die dem Dekret beigefügt ist. Die Tabellen werden an dem betreffenden Orte gedruckt und an die lokalen Gerichte und das Direktorium versandt, das eine allgemeine Zusammenfassung der Departementstabellen drucken läßt und an die örtlichen Gerichtsbehörden versendet (Art. 4—5).

Diese große Arbeit wurde bei den Lokalbehörden ziemlich schnell geleistet: in den meisten Departements wurde sie in 1½ Monaten beendet.

Im Art. 6 des Dekretes vom 5. Messidor des Jahres V wurde festgesetzt, daß „die Durchführung der Umrechnung nach den Tabellen einen Monat nach Veröffentlichung dieses Gesetzes beginnen wird". Und es war sogar vorgesehen, daß, „falls eine Zentral- (d. h. Departements-) Verwaltung ihre Tabelle in dieser Frist nicht den Gerichten des Departements zusendet, diese sich bis zum Eingang der Tabelle nach der Tabelle des nächsten Nachbardepartements richten sollten".

Aber in Wirklichkeit wird die Durchführung des schon angenommenen Grundsatzes der Aufwertung noch einmal hinausgeschoben und erfolgt erst nach dem Gesetz vom 1. Dez. 1797 (2. Frimaire des Jahres VI), das eine Reihe von Beschränkungen einfügte.

Bei der Aufstellung der Tabellen selbst wurde (nach den Angaben, die für einige Departements veröffentlicht sind) in folgender Weise verfahren:

Die aus Vertretern der Verwaltung und fünfzehn Sachverständigen zusammengesetzte Kommission gliederte sich in vier Abteilungen. Diese hatten nach den amtlichen Notierungen des Departementszentrums, privaten Nachrichten der einzelnen Kommissionsmitglieder und Mitteilungen aus den verschiedenen Gegenden des Departements die Bewegung des Kurses der Assignaten in Metall, der Immobilienpreise, der Lebensmittelpreise und der Warenpreise festzustellen. Die Ergebnisse sollten zu vier Tabellen zusammengestellt und dann in einer Vollsitzung zu einer allgemeinen Tabelle der Papiergeldentwertung zusammengefaßt werden.

Indessen konnte dieser Arbeitsplan meist nur teilweise eingehalten werden. Am leichtesten waren die Tabellen des Assignatenkurses in Metall aufzustellen; die Tabellen der Preisbewegung dagegen konnten oft entweder gar nicht oder nur unter Auslassung ganzer Zeitabschnitte aufgestellt werden.

So beruhten die Entwertungstabellen doch hauptsächlich auf den Kursen des Papiergeldes zum Metallgeld. Der Vergleich der Tabellen der einzelnen Departements zeigt sehr beträchtliche Unterschiede: zu ein und derselben Zeit kosten 100 Livre Assignaten je nach dem Ort 17—62 Livre Metall.

Der Druck der amtlichen Zusammenfassung aller Departementstabellen verzögerte sich lange, denn einige Departements, besonders die von Frankreich neu annektierten Gebiete, verspäteten sich sehr. In vielen Departements dagegen wurden die Tabellen unverzüglich gedruckt und auf den Märkten verkauft; sie begegneten einer starken Nachfrage von seiten der Bevölkerung. Aber für die Gerichte waren sie noch nicht verbindlich, und die massenhaften Vertagungen von Prozessen riefen unter den interessierten Gruppen große Unzufriedenheit hervor.

Die gedruckte Zusammenfassung aller Departementstabellen wurde vom Direktorium dem Rat der Fünfhundert erst am 26. März des Jahres 1798 (6. Germinal des Jahres VI) vorgelegt und begann sofort gemäß dem Gesetz vom 11. Frimaire angewandt zu werden.

4. Zergliedert man die eigentlich einfache Argumentation für und gegen die Aufwertung der Schulden und verfolgt man aufmerksam die Debatten der beiden Kammern, in deren Stürmen sich der Kampf zwischen ihnen abzeichnet, so ist der soziale Sinn dieses Gegensatzes leicht zu verstehen, der für die nachrevolutionären Gesetzgeber Frankreichs 3½ Jahre lang Gegenstand der Erörterung ist.

Flüchtig haben wir ihn schon oben gekennzeichnet. Es handelt sich um den für die Geschichte der französischen Revolution grundlegenden Gegensatz zwischen den Interessen der handel- und gewerbetreibenden Bourgeoisie einerseits und der sozial verschiedenartigen landwirtschaftlichen Gruppen (der grundbesitzenden Aristokratie, der bodenbearbeitenden Pächterschaft, dem Groß- und Mittelbauerntum) andererseits.

Die kapitalistische Entwicklung des Handels und der verarbeitenden Industrie erzeugte in den Händen der Bourgeoisie einen großen Kapitalüberschuß, der teilweise in den eigenen Produktionsbetrieb gesteckt, teilweise aber den ökonomisch zurückbleibenden Zweigen der Volkswirtschaft, der Landwirtschaft, als Darlehen zur Verfügung gestellt wurde.

Daher sprechen bei den Vertretern der Bourgeoisie alle Gründe „der Vernunft und der Gerechtigkeit" für die Aufwertung der Schulden, während bei den Vertretern der Landwirtschaft alle Argumente derselben „Vernunft und Gerechtigkeit" die Ungerechtigkeit eines solchen Aktes beweisen. Und es ist nicht verwunderlich, daß der Rat der Alten, in dem mehr Vertreter der alten Aristokratie saßen, mehr Widerstand leistete als der Rat der Fünfhundert.

Untersucht man aber das Problem der Regulierung der Kreditverhältnisse auf seine sozialökonomische Bedeutung in dem System der Emissionswirtschaft, so erweist es sich als durchaus nicht so einfach.

Hier ist die Entwertung der Papiergeldeinheit vor allem der Ausdruck dafür, daß ein Teil der Warenwerte dem Privatbesitz entzogen und dem Staate zur Deckung seiner Ausgaben zugeführt wird.

Vergleicht man diese Erscheinung mit gewöhnlicheren, verständlicheren, so muß man sagen, daß die Entwertung der in Privatbesitz befindlichen Geldzeichen durch die Emission nur eine eigenartige Form der Besteuerung ist.

Schwierig ist nur, diese Besteuerung gleichmäßig zu verteilen. Sie ist an sich das ungleichmäßigste aller Steuersysteme, und da die Erzeugnisse der kapitalistischen Produktion und die persönlich freie, sozial untergeordnete Arbeit sich gegenüber der Entwertung der Geldeinheit verschieden verhalten, so wird sie zeitweise zur Klassensteuer par excellence. Jedenfalls aber besteht kein Grund, diese Ungleichmäßigkeit künstlich noch zu verstärken und besondere soziale Gruppen, wenn auch nur mit einem Teile ihres Einkommens, von dieser Steuer zu befreien.

Die nachrevolutionäre Gesetzgebung Frankreichs aber, welche die Geldschuldverpflichtungen voll aufwertete, schützte unausgesprochen einen sehr wesentlichen Teil der Einkünfte der kreditgebenden Bourgeoisie eben davor, zur Deckung der Staatsausgaben irgendwie herangezogen zu werden.

Denn abgesehen von den üblichen Zinsen, wurden die Schuldbeträge ihren Eigentümern jetzt im vollen Werte der gewährten Darlehen zurückerstattet, also nicht im geringsten von der unterdessen durch die Emission eingetretenen Entwertung des Papiergeldes berührt. Der Kredit wurde damit für die dargeliehenen Werte zu einem Panzer, der sie gegen jede Einwirkung der Geldentwertung durch die Emission schützte.

Die ganze Last dieser Befreiung fiel offenbar auf die Schuldner, in deren Händen der reale Wert der erhaltenen Kredite dahinschmolz, während die Gesetzgebung ihnen die Verpflichtung auferlegte, den ganzen zuerst empfangenen Wert zurückzuerstatten.

Solche Schuldner waren aber, sozial gesehen, die landwirtschaftliche Aristokratie und zum Teil die selbständige landwirtschaftliche Arbeit, die Besiegten der Revolution; die siegreiche handel- und gewerbetreibende Bourgeoisie bürdete ihnen nach dem Rechte des Sieges die Kriegslasten auf.

5. Versuchen wir jetzt, das finanzielle Gesamtergebnis der Emission für die große französische Revolution zu ermitteln.

Drei Hauptfragen sind hier zu stellen:

1. Wie groß war die Summe der realen Werte, welche die Emissionen einbrachten?
2. Wie groß ist die relative Bedeutung der anderen Methoden der Finanzierung der Revolution?
3. Wie weit gelang es der Papiergeldausgabe, die finanzielle Aufgabe zu lösen, die ihnen zu Anfang der Revolution gestellt wurde, und die Schaffung der Assignaten und Mandate veranlaßte?

Die Zeit der Assignaten und die der Mandate sind gesondert zu betrachten.

An Assignaten waren im ganzen 45 578 810 040 Livre in den Verkehr gebracht worden[1]. Davon waren 1 051 800 000 Livre ausgegeben worden, um den Umlauf technisch zu verbessern; gegen sie waren schon vorher im Umlauf befindliche Stücke (die sogenannten „Königsassignaten" usw.) eingetauscht worden. Ziehen wir diese ab, so finden wir, daß die Assignatenemission dem französischen Staate einen Nominalwert von 44 527 010 000 Livre eingebracht hat.

Der reale Wert war viel kleiner. Genau kann man ihn nicht berechnen, aber den Betrag der Emissionen mit dem Durchschnittskurs der Assignaten für den betreffenden Zeitabschnitt multiplizieren. Zweifellos wird eine solche Berechnung ungenau sein, denn erstens besitzen wir Angaben nur über den Kurs der Assignaten in Metall, nicht aber über ihren Warenwert, während man sie doch im Austausch nicht gegen Metall, sondern gerade gegen Waren und Arbeit realisierte, und zweitens fehlen uns sogar genaue Angaben über die Verteilung der Emissionen auf die einzelnen Zeitabschnitte.

Versuchen wir jedoch, die vorhandenen Angaben auszunützen.

---

[1] Am 23. Februar 1796 (4. Ventôse des Jahres IV) hat Camus dem Rate der Fünfhundert im Namen des Finanz- und Ausgabenausschusses berichtet, daß nach den Registern der Staatskasse 45 581 Millionen Livre Assignaten hergestellt (créés), mehr als 6 Milliarden eingezogen und verbrannt und etwa 39 287 Millionen im Umlauf seien.

Später hat Ramel mitgeteilt, bis Ende Februar 1796 seien nur etwa 41 Milliarden ausgegeben, etwa 6 Milliarden seien eingezogen und der Umlauf habe etwa 35 Milliarden betragen, die entsprechenden Zahlen für die Zeit der Schaffung der Mandate, den 1. April, seien 44 Milliarden, 7½ und 36, und sogar im September 1796 seien nur 44 578,2 Millionen Livre ausgegeben, 12½ Milliarden eingezogen und der Umlauf auf 33 Milliarden zurückgegangen.

Wie erklärt sich dieser Widerspruch?

Anscheinend hat Camus gemeint, alle hergestellten Assignaten seien in Umlauf gesetzt worden, er brauche nur die eingezogenen abzuziehen, um die tatsächlich umlaufenden zu erhalten; so ergeben sich etwa 39½ Milliarden.

In Wirklichkeit aber lagen große Beträge, etwa 5 Milliarden, unbenutzt in den Staatskassen.

Für diese Erklärung spricht die Angabe Ramels, daß zur Zeit der Liquidierung des Assignatenumlaufes 45 578 810 040 Livre ausgegeben waren und ein unbenutzter Rest von 2 601 518 Livre in den Kassen lag. Diese beiden Beträge ergeben zusammen 45 581 411 618 Livre, eben die Zahl, die Camus für die Herstellung von Assignaten am 23. Februar 1796 angegeben hatte und die ja endgültig sein mußte, da am 18. Februar die Hilfsmittel der Assignatenherstellung auf dem Vendômeplatz verbrannt worden waren.

Tabelle 16.

Zeitabschnitte	Ausgegeben (in Tsd. Livre)	Durchschnitts-kurs in dem betreffenden Zeitabschnitt (in Prozent)	Realer Wert d. Emissionen (in Tsd. Livre)
1	2	3	4
bis zum 1. VIII. 1789	120 000	100	120 000
vom 1. VIII. 1789 bis 1. X. 1790	280 000	95	260 000
„ 1. X. 1790 bis 1. X. 1791	1 106 000	88	973 310
„ 1. X. 1791 bis 1. VIII. 1792	(712 000)	68	(484 160)
„ 1. VIII. 1792 bis 1. VIII. 1793	(2 150 000)	55	(1 182 500)
„ 1. VIII. 1793 bis 1. VIII. 1794	(3 158 000)	34	(1 073 720)
„ 1. VIII. 1794 bis 1. VIII. 1795	8 889 000	17	1 311 131
„ 1. VIII. 1795 bis 1. VIII. 1796	28 112 000	1,08	303 610
Zusammen:	44 527 000	—	5 908 430

In einigen dieser Zeitabschnitte fehlen genaue Angaben über die Einziehung und Verbrennung der Assignaten, die vierte, fünfte und sechste Zahl in den Spalten 2 und 3 sind daher ungenau und daher eingeklammert.

Wenn so der reale Wert der ausgegebenen 44½ Milliarden Assignaten nur 6 Milliarden darstellt, so ist dies doch der größte Betrag, den Papiergeldemissionen jemals bis zum Beginn des Weltkrieges eingebracht haben.

Sieben volle Jahre wurde die Revolution fast allein mit Hilfe der Emissionen finanziert, und — gut oder schlecht — es gelang durchaus, die Bedürfnisse des Revolutionsstaates auf diesem Wege zu befriedigen.

Davon kann man sich leicht aus der folgenden Zusammenstellung überzeugen.

Die Budgets der letzten Jahre vor der Revolution und der ersten Revolutionsjahre erreichten 700 Millionen Livre; das nachrevolutionäre Budget des Jahres VIII (1799/1800) war vom Direktorium auf 800 Millionen veranschlagt und vom Konsulat auf 600 Millionen herabgesetzt worden.

Die 6 Milliarden realer Einnahmen aus den Emissionen während der sieben Jahre 1789—1796 ergeben dagegen eine durchschnittliche Jahreseinnahme von etwa 840 Millionen, also etwas mehr als jene Summen.

Allerdings sind bei der Einschätzung des realen Wertes der emittierten Werte zwei Umstände zu beachten: einerseits war die

Preissteigerung für Dienste und Waren, die dem Staate kraft frei geschlossener Verträge geliefert wurden, und besonders derjenigen, nach welchen der Staat in den Kriegsjahren eine ungewöhnlich große Nachfrage an den Tag legte, stärker als die durchschnittliche; das entwertete die Geldeinheit stärker, als ihr Kurs in Metall erkennen ließ, und verminderte den realen Wert der emittierten Geldzeichen; andererseits blieb die Bezahlung all der zahlreichen Staatsbeamten und -angestellten weit hinter der durchschnittlichen Preissteigerung zurück, und die Zahlungen auf früher abgeschlossene Geschäfte und alle nominal festgesetzten Zahlungen erfolgten in entwertetem Gelde, was die reale Zahlungskraft der Emissionen stark vermehrte. Es unterliegt keinem Zweifel, daß die Tendenz zur Vergrößerung des Realwertes stärker war als die zur Verminderung, denn im Budget war die Bezahlung der Angestellten und die Schuldentilgung von grundlegender Bedeutung. Und soweit diese Zahlungen weniger Aufwand erforderten, als der Geldentwertung nach dem Assignatenkurs in Metall entsprochen hätte, so weit war der reale Wert des Gesamtbetrages der Emission größer als der von uns auf Grund jenes Kurses ausgerechnete. Aber der Bedarf der Kriegsjahre war auch größer als der normale und wurde mit Hilfe dieser Mehreinnahmen gedeckt.

Der Ertrag aus der Emission der Territorialmandate war viel geringer.

Tabelle 17.

Zeitabschnitte	Ausgegeben (in Tsd. Livre)	Durchschnittskurs (in Prozent)	Realer Wert (in Tsd. Livre)
1	2	3	4
bis zum 10. IV. 1796 (Reskriptionen) .	60 000	100	60 000
vom 10. IV. bis 1. V. 1796	78 000	16,4	12 792
im Mai 1796	357 000	11,3	40 241
„ Juni 1796	710 000	7,1	50 410
„ Juli 1796	457 000	5,7	26 049
„ August und September 1796 . . .	387 000	2,9	11 223
Zusammen:	2 049 000	—	200 715

Von der Gesamtmenge der ausgegebenen Mandate, 2400 Millionen Livre, wurden 351 Millionen, wie wir wissen, zum Umtausch der Assignaten verwandt; diesen Betrag haben wir von den finanzierenden Emissionen abgezogen, und zwar je 150 Millionen für den Mai und

Juni und 51 Millionen für den August. Im ganzen ergaben die 2049 Millionen Mandate einen realen Wert von nur 201 Millionen, welcher Betrag zur Deckung der Staatsausgaben für ein Halbjahr diente.

6. Wenn die Mandate fast ganz und gar finanziellen Zwecken dienten, so spielte ein Teil der Assignaten eine etwas andere Rolle. Auch von ihnen diente zwar ein großer Teil dazu, dem Warenverkehr reale Werte für den Staatsbedarf endgültig zu entziehen, aber ein anderer Teil war wirklich nur, was der Idee nach alle Assignaten ganz sein sollten: ein Mittel zur antizipierenden Realisation der Einnahmen aus anderen finanziellen Quellen.

Logisch hätten diese Quellen schließlich auch ohne die Papiergeldausgabe gewisse Summen ergeben, so daß insoweit die Assignaten nur einen technisches Hilfsmittel, nicht aber Ausdruck einer selbständigen finanziellen Methode sind.

Aber die Assignaten, die eine solche Rolle gespielt haben, stellen nur einen sehr kleinen Bruchteil der ganzen emittierten Menge dar. Die wichtigste selbständige finanzielle Quelle war der Verkauf von nationalisierten Ländereien. In der ersten und wichtigsten Epoche der Verkäufe vom 17. Mai 1790 bis zum 20. Nov. 1795 (30. Brumaire des Jahres IV) wurden nach den Angaben Ramels 857034 Grundstücke im Gesamtwerte von etwa 1500000000 Livre verkauft. Die Summe der Verkaufspreise belief sich auf 7483526235 Livre, von denen am Ende des Assignatenumlaufs 408145950 Livre unbezahlt waren. Aus dem Verkauf der Ländereien gingen also 7075380285 Livre ein.

Im ganzen waren bis zum 1. Dezember 1795 27004,6 Millionen Livre Assignaten in den Verkehr gebracht worden, und 3665 Millionen davon eingezogen und vernichtet. 1051 Millionen davon wurden durch Assignaten anderen Musters und anderer Stückelung ersetzt. In Wirklichkeit also waren mit Hilfe anderer finanzieller Methoden 2614 Millionen eingenommen und vernichtet, was etwa 10% der durch die Emissionen erzielten Einnahmen ausmacht. Rechnet man noch diejenigen Eingänge an Grundbesitzverkäufen hinzu, die nicht zur Vernichtung von Assignaten verwandt, sondern anscheinend wieder in Umlauf gesetzt wurden (4461,4 Millionen Livre), so ergaben die Landverkäufe doch nur 23% der Gesamtsumme der Einnahmen aus der Emission und anderen Quellen aus (30415 Millionen Livre).

In den folgenden Monaten wächst der durchschnittlich eingezogene Betrag von Assignaten.

Von den in den folgenden neun Monaten (bis zum September 1796) ausgegebenen 18574 Millionen werden 8841 Millionen, d. h. ungefähr 45%, durch die Zwangsanleihe eingezogen. Ein solcher Prozentsatz konnte erzielt werden, weil bei der Zahlung der Zwangsanleihe das gesetzliche Verhältnis des Wertes von Papier und Metall 1 : 100 war, während es real 1 : 300 und weniger betrug, und weil die Schnelligkeit, mit der sich die Assignaten entwerteten, alle Erwartungen überstieg und ihre Verdrängung aus dem Verkehr erleichterte.

Da die Zwangsanleihe der Staatskasse nur eine ganz entwertete Papiermasse zurückbrachte, wurde sie sehr schnell aus einem Finanzierungsmittel, als welches sie vom Rat der Fünfhundert gedacht war, zu einem technischen Mittel zur Beseitigung eines Teiles der Papiergeldmenge.

Aber der Wert der Zettel ist auch ohnedies bei der Ausgabe so viel größer als beim Zurückströmen, daß hier die real finanzierende Rolle der Emissionen, sogar wenn sie nur eine scheinbar rein technische Operation vermitteln, besonders deutlich hervortritt.

Wenn dieser Unterschied im Hinblick auf die wirkliche Schnelligkeit der Entwertung bis zum Dezember 1795 als Verminderung des realen Wertes der Einnahmen auf die Hälfte angesehen werden kann, so bedeutet er später schon einen Rückgang auf ein Drittel.

Deshalb ist die reale finanzielle Bedeutung der Einnahmen aus anderen Quellen als der Emission für die erste Periode gleich 11,5%, für die zweite aber gleich 15% der realen Einnahmen aus der Emission. Der reale Wert der letzten 18 Papiermilliarden überstieg 90 Millionen nicht, ist also im Vergleich mit den vorhergehenden 27 Milliarden ganz unbedeutend. Daher darf man annehmen, daß die durchschnittliche reale Bedeutung aller Einnahmen aus anderen Quellen als der Emission, durch die ein Teil der Assignaten aus dem Verkehr gezogen war, 12—13% der Einnahmen aus der Emission nicht überstieg.

Außerdem gingen in der ganzen Zeit der Papierwährung aus verschiedenen Steuern 3 Milliarden Livre ein, die nicht zur Tilgung von Assignaten verwandt, sondern wieder in den Umlauf gebracht wurden.

Das macht ungefähr 7% des Betrages der Emissionen aus und erhöht den Gesamtanteil der Einnahmen aus anderen Quellen als der Emission an der Finanzierung der Revolution auf 19—20%.

So ist die zweite unserer Fragen wie folgt zu beantworten: Die

Papiergeldausgabe deckte 80—81% der Ausgaben der französischen Revolution, die anderen Finanzierungsmethoden 19—20%.[1]

Dabei kostete die Herstellung des Papiergeldes selbst:

72 826 850 Livre in Assignaten,
412 738 „ „ Mandaten,
130 732 „ „ Münzgeld,

zusammen 8 766 826 Livre in Münzgeld nach dem Tageskurs des Papiergeldes.

Um genau zu sein, muß man diesen Betrag von dem Ertrag der Emissionen abziehen.

Die Emission hat, gut oder schlecht, die Aufgabe der Finanzierung der Revolution gelöst, ihre ursprüngliche Aufgabe, die Tilgung der Schulden, die das alte Regime aufgehäuft und hinterlassen hatte, war im Augenblick der Liquidierung des Papiergeldumlaufes nicht gelöst.

Überstieg die gesamte Schuld am Vorabend der Revolution 4 Milliarden Livre, so wurde nach den massenhaften Landverkäufen gegen Assignaten in den ersten drei Jahren der Revolution, am 1. August 1793, die alte „ewige Schuld" (dette perpétuelle) allein auf 127 803 000 Livre jährlicher Rentenzahlungen berechnet, b. h. sie überstieg 2½ Milliarden Livre. Die herrschende Strömung der französischen Revolution, welche die Parole „Freiheit, Gleichheit und Eigentum" auf ihre Fahne geschrieben hatte, erstrebte vor allem die Beschützung des letzteren und entschloß sich auch in den kritischesten Augenblicken der Revolution nicht zu Eingriffen in die Rechte der Besitzer von Staatsschuldverschreibungen.

Nur Cambon, der die allgemeine Konversion der Schuldverschreibungen in gleichartige Eintragungen im „Großen Buch der Staatsschuld" durchführte, bei der 5 Einheiten jährlicher Rente für 100 Ein-

---

[1] In der Zeit der Territorialmandate übersteigt die Einnahme aus dem Verkauf von Ländereien — während die Emission 2400 Millionen Livre beträgt — anscheinend nicht 100—150 Millionen, b. h. beträgt etwa 5% der Einnahmen aus der Emission. Denn in der sogenannten zweiten Periode der Verkäufe (von der Veröffentlichung des Gesetzes vom 28. Ventôse bis zum 20. Fructidor des Jahres IV, b. h. vom 18. März bis zum 6. September 1796) wurden 104 791 Grundstücke verkauft, die auf 611 438 212 Livre bewertet wurden. Aber die Zahlung dieser Summen zog sich sehr lange hin, so daß drei Jahre später, zu Anfang des Jahres VIII, noch ein Rückstand von vier Millionen in Metall und 1 121 676 Livre in Mandaten vorhanden war.

heiten der Kapitalsumme gerechnet wurden, entschloß sich, die Staats=
gläubiger mit einer 20%igen jährlichen Kapitalertragssteuer zu be=
legen, d. h. setzte real die auszuzahlende Rente auf 4% herab. Dies
ergab eine Ersparnis von 40 Millionen.

Aber trotzdem war bis zum Ende der Papierwährnng in der Zeit
von 1793 bis 1799 die Summe der jährlich auszuzahlenden Renten um
46913000 Livre auf 174716000 Livre gestiegen.

Das bedeutete nach dem wiederum aufgestellten Verhältnis (5 Ein=
heiten für 100) eine Schuld von 3494420000 Livre.

Allerdings wurde die Rente bis zum 17. Febr. 1796 in Papiergeld
nach dem Nominalwert ausgezahlt, was je länger, je mehr die reale
Belastung des Staatsbudgets durch diese Zahlungen verringerte. Erst
nach diesem Datum (28. Pluviôse des Jahres IV) schrieb das Gesetz
vor, die Renten und Pensionen nach dem realen Wert des Papier=
geldes zu bezahlen.

Aber dies war wegen des Zustandes der Staatskasse nicht durch=
zuführen, und das Dekret vom 21. September 1796 (der 5. Sans=
culottide des Jahres IV) verfügte, daß die entstandenen Rückstände nur
zu einem Viertel „mit wirklichem Geld" ausgezahlt werden sollten; die
Zahlung der restlichen drei Viertel wurde bis zum Friedensschluß auf=
geschoben.

Durchgeführt wurde auch diese Bestimmung nicht: die Staatskasse
konnte noch nicht einmal ein Zehntel der erforderlichen Summe aus=
zahlen. Anstatt 16½ Millionen, die ein Viertel der Rückstände aus=
gemacht hätten, erhielten die Rentner und Staatspensionäre nur
1600000 Livre. Für den Rest erhielten sie Schuldanerkenntnisse auf
den Inhaber, welche die Staatskasse bei in Metall zu leistenden Zahlungen
anzunehmen verpflichtet war.

Diese wurden an die Rentner in zwei Typen für das erste Viertel
und für die letzten drei Viertel der Rückstände ausgegeben. Im Verkehr
erhielten sie die Bezeichnung „Viertelsgutscheine" und „Dreiviertels=
gutscheine". Die ersteren (die verhältnismäßig besser gesicherten) ver=
loren bald im Verkehr bis zu 40%, die letzteren bis zu 90% ihres
Nennwertes.

Offenbar war es so unmöglich, die Schuld auch nur zu verzinsen,
geschweige denn, sie zu tilgen; ebenso offensichtlich waren die Schäden
eines Kreditsystems, das die tatsächliche Nichterfüllung der Verbindlich=
keit durch die Schaffung immer neuer spezialisierter Wertpapiere äußer=

lich verhüllte; daher beantragte der Berichterstatter der Finanzkommission im Jahre V, Villiers, die entstandene Lage ein für allemal anzuerkennen und durch die Gesetzgebung die vom Staate anerkannte und zurückzuzahlende Schuld auf zwei Drittel herabzusetzen. Aber das Direktorium faßte nicht den Entschluß, formal seinen Bankrott zuzugeben.

Erst als im folgenden Jahre (VI) in dem aufzustellenden Budget ein Fehlbetrag von 172 Millionen festgestellt wurde, entschloß es sich zu diesem Schritt.

Das Gesetz vom 30. Sept. 1797 (9. Vendémiaire des Jahres VI), betreffend die Tilgung aller Schulden, bot folgendes Schema dar: Zwei Drittel des Gesamtbetrages aller Verbindlichkeiten sollten durch Gutscheine auf den Inhaber getilgt werden, die zur Erwerbung von Staatsgrundbesitz dienen konnten (Zweidrittelgutscheine); dieser Teil erhielt die Bezeichnung „mobilisierte Staatsschuld". Das restliche Drittel blieb weiter mit dem Zwanzigfachen der lebenslänglichen Rente im Schuldbuch eingetragen und sollte vom zweiten Halbjahr des Jahres V ab in Metall verzinst werden. Das so eingetragene Drittel erhielt die Bezeichnung „konsolidiertes Drittel" („tiers consolidé), und das „Große Staatsschuldbuch", in dem jetzt nur noch dies letzte Drittel eingetragen blieb, wurde auch „Buch des konsolidierten Drittels" genannt, im Gegensatz zu dem früheren „Buch der gesamten Schuld" („Grand Livre de l'Intégrale").

Die Zweidrittelgutscheine erwartete ein trauriges Schicksal. Rasch verloren sie im Verkehr 70, 80 und sogar 97% ihres Nennwertes. Das Recht, sie zur Bezahlung von Staatsgütern zu verwenden, wurde eigentlich fast ganz abgeschafft, denn man ließ es nur hinsichtlich der Gebäude, nicht aber des Grund und Bodens gelten. Sie wurden faktisch aus dem Verkehr verdrängt. Erst zur Zeit des Konsulates wurden sie laut Gesetz vom 21. März 1801 gegen Rentenbriefe im Verhältnis von 2000 Livre (Franken) in Gutscheinen gegen 5 Franken Rente umgetauscht. So wurde dieser Teil der alten Schuld mit $1/400$ des alten Betrages getilgt.

Das „konsolidierte Drittel" erwies sich trotz der formellen Verpflichtung, seine Größe nicht herabzusetzen und es in Münzgeld zu bezahlen, als nur dem Namen nach konsolidiert.

Die Verzinsung der Staatsschuld erforderte vor der Konversion jährlich 175 Millionen Livre, so daß auf das zu konsolidierende Drittel 58 Millionen entfielen. Faktisch wurden aber nur 40216000 Livre eingetragen, ein Teil war früher schon entweder beim Landverkauf in Zahlung genommen oder bei Emigranten und der Geistlichkeit eingezogen.

Aber aus Mangel an Geld konnte auch diese Summe nicht mit vollwertigem Metallgeld bezahlt werden. An dessen Stelle mußten vielmehr besondere „Rückstandsgutscheine" (bons d'arriérages) treten, die vom Staat nur zur Entrichtung von Steuern zurückgenommen wurden. Und die Rente, die anfangs mit 20 Frank für 100 notiert worden war, fiel bald auf 6.

Der Bankrott, zu dem die kämpfende Bourgeoisie im Jahre 1798 sich nicht hatte entschließen können, wurde ein Jahrzehnt später der siegreichen Bourgeoisie abgenötigt.

Wäre er rechtzeitig vollzogen worden, so hätte er die finanzielle Krise der französischen Revolution sehr mildern und sie vielleicht vor der Desorganisation ihrer Wirtschaft bewahren können.

7. Ein französischer Nationalökonom kommt bei der Untersuchung des finanziellen Geistes der Girondisten zu dem Schluß, sie hätten gar keinen Sinn für die finanziellen Fragen gehabt (pas d'esprit financier chez les Girondins).

Allerdings war der Einfluß der Girondisten fast nie für die Richtung der Finanzpolitik der französischen Revolution entscheidend, deren Hauptabschnitte durch die Anstrengungen verschiedener anderer Gruppen bestimmt wurden.

Aber man kann dieses allgemeine Urteil mit vollem Recht auch auf die Jakobiner ausdehnen, in deren Händen die Leitung der Finanzen der Revolution in ihrer wichtigsten, heroischen Periode lag. Ebensowenig wie die Girondisten führten die Montagnards bewußt irgendeine finanzpolitische Linie durch, und auch ihre Führer haben in der Geschichte nicht das Bild irgendeines einheitlichen „finanziellen Geistes" hinterlassen.

Die Emissionswirtschaft entstand unabhängig von dem bösen oder guten Willen irgendwelcher Einzelner nach der objektiven Logik der äußeren ökonomischen Verhältnisse und der Gesetzmäßigkeit der inneren Entwicklung.

Die Gesetzmäßigkeit des Verhaltens der Massen macht die Gesellschaftswissenschaft zu einem vollberechtigten Zweige der exakten Wissenschaft; der Struktur nach analog ist sie der Ursachen aufsuchenden und die Gesetze der Erscheinungen erschließenden Naturwissenschaft.

8*

Und wenn es auf dem weiten Gebiete des Wissens von der Gesellschaft bisher nur der Nationalökonomie gelungen ist, ein umfangreiches Gebäude von exakten Gesetzen, die den naturwissenschaftlichen analog sind, zu errichten, so deshalb, weil der Hauptantrieb des wirtschaftlichen Verhaltens der aktuellste und konstanteste unter allen Beweggründen wirksamste menschlicher Tätigkeit ist.

Das System der dezentralisierten Wirtschaft erhebt die formale Unabhängigkeit jeder wirtschaftenden Zelle zum Grundsatz der sozialen Organisation und verbindet die privaten Wirtschaften nur durch die Bande des Warenaustausches miteinander, diese Bande werden ebenso stark wie die des unmittelbaren Zwanges und Unterordnung in den autoritären und zentralisierten Wirtschaftssystemen.

Materiell bindet und unterwirft sich jede wirtschaftliche Zelle so, daß ihr formaler Eigenwille eine Form ohne Inhalt, eine Möglichkeit ohne Anwendung bleibt.

Unter diesen Verhältnissen wird das Mittel des Warenaustausches, das Geld, zum stärksten Ausdruck der ökonomischen Macht seiner Besitzer, zur Kristallisation aller sozial-wirtschaftlichen Rechte und Pflichten der am Warenverkehr Beteiligten.

Und daher zeigt das Geld, das am stärksten auf die wirtschaftliche Motivation der individualistischen Gesellschaft einwirkt, in den von ihm bestimmten Formen des Verhaltens der Massen eine Reihe von besonders qualifizierten Gesetzmäßigkeiten der Tauschwirtschaft.

Die Gesetze des Geldumlaufes beschreiben nicht nur die innersten, sondern auch die konstantesten Tendenzen des funktionellen Apparates des durch den Warenaustausch vermittelten menschlichen Verkehrs.

Aber außer diesen meist schon aufgedeckten und analysierten Tendenzen der normalen geldwirtschaftlichen Beziehungen entstehen manchmal infolge einer Veränderung im Geldwesen spezifische Systeme ökonomischer Zusammenhänge und Beziehungen, die in ihrem ganzen Umfange nur selten dem Blicke des Forschers sich darbieten und deshalb von der Lanzette der theoretischen Analyse fast noch nicht berührt worden sind.

Das System der Emissionswirtschaft ist vor allem eine Form der Veränderung der funktionalen Bestimmung und der gewöhnlichen ökonomischen Rolle der Geldzeichen, welche die ganze wirtschaftliche Macht der dezentralisierten Organisation der Volkswirtschaft symboli=

fieren und daher am stärksten das ökonomische Verhalten der Massen beeinflussen. Es ruft eine entsprechende Veränderung dieses Verhaltens hervor, die durch das Streben diktiert wird, sich an die Änderung des inneren Wesens dieses wichtigsten Elementes der wirtschaftlichen Verumständung und unmittelbaren Objektes der wirtschaftlichen Tätigkeit aller am Warenverkehr Beteiligten anzupassen. Diese Tendenzen zur Anpassung an die neuen Verhältnisse treten in verschiedener Form auf, bekämpfen und beschränken (limitieren) einander und führen bei den verschiedenen sozialen Gruppen zu verschiedenen Ergebnissen: und so ergeben sie eine Reihe von neuen Gesetzmäßigkeiten von völlig eigenartiger sozialökonomischer Bedeutung.

Die Formen, in denen die neuen Geldzeichen in den volkswirtschaftlichen Organismus eingeführt und von ihm aufgenommen werden, die Tendenzen der sozialen Verteilung der wachsenden Geldmenge im ganzen und ihrer Zerspaltung nach dem Wert, die Richtung, in welcher der sozialökonomische Umschwung gemäß dem Verhältnis der gesellschaftlichen Kräfte erfolgt, und die Verschiebung der Ebenen, in denen der soziale Kampf sich abspielt, die Bestrebungen der ökonomischen Reorganisation der gewöhnlichen Formen und Institute des wirklichen Verkehrs der sozialen Gruppen — das alles liefert reiche Quellen zur Analyse und Bestimmung der Gesetzmäßigkeiten des **Systems der Emissionswirtschaft**.

Literatur.

A. Quellen und gleichzeitige Literatur.

1. „Gazette Nationale ou Moniteur Universel". Paris 1789—1798. 20 Bände.
2. „Collection générale des décrets", rendus par l'Assemblée et sanctionnés ou acceptés par le Roi. Tome I—II. A Paris, chez Devaux 1790.
3. J. B. Duvergier, Collection complète des Lois, Décrets, Ordonnances, Règlements, Avis du Conseil d'Etat. 38 volumes. Deuxième édition. Paris 1834.
4. Buchez et Roux, Histoire parlementaire de la Révolution Française ou Journal des Assemblées Nationales depuis 1789 jusqu'en 1815. 40 volumes. Paris 1834.
5. Dutot, Réflexions politiques sur les finances et le commerce de la France.
6. Necker, Compte rendu au roi. Au mois de Janvier 1781. A Paris 1781.
7. „Collection complète de tous les ouvrages pour et contre Necker". Utrecht 1782. Vol. I—III.

8. Necker, Sur le compte rendu au roi en 1781. Nouveaux éclaircissements. A Paris, Hôtel de la Thou, 1788.
9. Necker, De l'administration et des finances de la France. Tome I—IV. Paris 1784.
10. Necker, Dernières vues de la politique et des finances offertes à la Nation Française. Paris, an X — 1802.
11. Necker, De la Révolution Française. Nouvelle édition. Paris, an X (Juin 1797).
12. „Compte général des revenus et des dépenses fixés au 1 Mai 1789, remis par Mr. le Premier Ministre des Finances à M.M. du Comité des Finances de l'Assemblée Nationale. Paris 1789.
13. „Collection des comptes-rendus, pièces authentiques, états et tableaux concernant les finances de la France de 1759 à 1787". Lausanne 1788.
14. Ch. F. Bouché, Avocat au parlement, député de la Sénéchaussée d'Aix et membre de l'Assemblée Nationale. Léger aperçu sur les revenus publics depuis 1380 jusqu'en Septembre 1789. A Marseille, de l'Imprimerie de F. Breibon, 1789.
15. J. P. Brissot, député du département d'Eure-et-Loire à ses commettants sur la situation de la Convention Nationale, sur l'influence des Anarchistes et les maux, qu'elle a causés, sur la necessité d'anéantir cette influence pour sauver la République (22 Mai 1793). A Paris, de l'Imprimerie de P. Provost. Réimprimé à Londres pour R. Edwards 1794.
16. D'yvernois, Les finances de la République en l'an IV. Paris l'an IV. 1796.
17. „Essay sur les finances de la République Française et sur les moyens d'anéantir les assignats". A Hambourg 1795.
18. A. Arnoult, De la balance du commerce et des relations commerciales extérieures de la France. Seconde éd. Vol. I—III. Paris 1798.
19. A. Arnoult, Histoire générale des finances de la France depuis le commencement de la monarchie pour suivre d'introduction à la Loi ou Budget de l'Empire français. A Paris, Mars 1806.
20. Ramel, Les finances de la République Française en l'an IX. Paris, l'an IX. (1801).
21. „Particularités et observations sur les ministres des finances de la France, les plus célèbres depuis 1660 jusqu'en 1791". (Anonyme.) Paris 1812.
22. „Recueil des principaux textes législatifs et administratifs concernant la monnaie et le papier-monnaie de 1789 à l'an XI". — „Bulletin de la Commission de recherches et de publication des documents relatifs à l'histoire économique de la Révolution". Paris 1912 — Numéro unique.
23. Recueil des principaux textes législatifs et administratifs concernant l'industrie de 1788 à l'an XI. — „Bulletin de la Commission etc." 1909, N. 3—4.
24. „Recueil des principaux textes législatifs et administratifs concernant le commerce de l'an 1788 à l'an XI". — „Bulletin de la Commission etc." 1912, N. 1.

25. „Tableaux de dépréciation du papier-monnaie réédités par Pierre Caron. Paris 1903.
26. „Œuvres de Turgot". Collection des principaux économistes. Vol. IV. Paris.
27. „Œuvres de Condorcet". Paris.
28. A. Aulard, La Société des Jacobins. Recueil des documents. 6 Vol. Paris 1889—1897.
29. A. Aulard, Paris pendant la réaction thermidorienne. Collection des documents. Paris 1898—1902.

B. Die neue Literatur.

1. Die Geschichten der französischen Revolution von: Michelet, Mignet, Thiers, Louis Blanc, H. Taine, T. Carlyle, A. Aulard, W. Bloß. Besonders wichtig für die Wirtschaftsgeschichte sind Nr. 2—5:
2. Jean Jaurès, Histoire socialiste. Paris.
   Tome I: La Constituante. — Tome II: La Législative. — Tome III et IV: La Convention.
3. G. Deville, Thermidor et Directoire. (Histoire socialiste.) Tome V, Paris.
4. P. Kropotkine, La Grande Révolution. Paris 1909.
5. H. Cunow, Die revolutionäre Zeitungsliteratur Frankreichs während der Jahre 1789—1794. 1908.
6. J. C. Royou, Développement des principales causes et des principaux événements de la Révolution. Paris 1823.
7. Bailly, Histoire financière de la France. Vol. I—II. Paris 1830.
8. Berry, Etudes et recherches historiques sur les monnaies de France. Paris 1853.
9. A. Courtois-Fils, Histoire des Banques en France. 2 éd. Paris 1881.
10. P. Boiteau, Etat en France en 1789. Paris 1861.
11. Scheel, Du Pont de Nemours et l'école physiocratique. Paris 1888.
12. P. Boiteau, Budget général de l'Etat. (Art. dans le „Dictionnaire des finances" sous la direction de L. Say. Paris 1889, vol. I.)
13. H. Costes, Les institutions monétaires en France avant et depuis 1789. Paris 1885.
14. René Stourm, Les finances de l'ancien régime et de la Révolution. Vol. I—II. Paris 1885.
15. René Stourm, Bibliographie historique des finances de la France au XVIIIIme siècle. Paris 1895.
16. René Stourm, Les finances du Consulat. Paris 1902.
17. Ch. Gomel, L'impôt progressif en 1793. Paris.
18. Ch. Gomel, Les causes financières de la Révolution Française. Vol. I—II. Paris 1892—1893.
19. Ch. Gomel, Histoire financière de l'Assemblée Constituante. Vol. I—II. Paris 1896—1897.
20. Ch. Gomel, Histoire financière de la Législative et de la Convention. Vol. I—II. Paris 1902—1905.

21. Bornarel, Les assignats pendant la Révolution Française. „La Révolution Française". Tome XV. Paris 1889.
22. Bornarel, Combon et la Révolution Française. Paris 1905.
23. G. Avenel, Lundis révolutionnaires. Paris 1875.
24. Lorenz von Stein, Lehrbuch der Finanzwissenschaft. 5. Aufl. Bb. II. Leipzig 1886.
25. Leroy-Beaulieu, Traité de la science des finances. Vol. II. 5ᵉ éd. Paris 1891.
26. G. d'Avenel, Histoire économique de la propriété, des salaires, des denrées et de tous les prix en général depuis l'an 1200 jusqu'en l'an 1800. Tomes I—IV.
27. De Waha, Die Finanzpolitik der Schreckensherrschaft in der ersten französischen Revolution. — „Vierteljahresschrift für Sozial- und Wirtschaftsgeschichte" Bb. I. 1903.
28. Mellié, Les sections de Paris. Paris 1898.
29. B. Minzes, Die Nationalgüterveräußerung während der französischen Revolution. 1892.
30. Forot, L'aliénation des biens du clergé. Paris, Tulle, 1905.
31. F. Vermale, Essay sur la répartition sociale des biens ecclésiastiques nationalisés. Département du Rhône. Paris 1906.
32. M. Marion, La vente des biens nationaux pendant la Révolution 1908.
33. Vialay, La vente des biens nationaux. 1908.
34. Ph. Sagnac, La législation de la Révolution Française. Paris 1902.
35. E. Fague, A. Lichtenberger etc., L'œuvre sociale de la Révolution Française. Paris 1902.
36. L. Loutchisky, Quelques remarques sur la vente des biens nationaux. Paris 1913.
37. O. Karmin, La question du sel pendant la Révolution. 1909.
38. Porré, Les subsistances dans l'Yonne. 1903.
39. Duperon, La question du pain dans l'Yonne sous le règne du maximum. Paris 1910.
40. Evrard, Les subsistances dans l'Eure de 1788 à l'an V. — „Bulletin trimestrial de la Commission de recherche et de publication des documents relatifs à la vie économique de la Révolution". Paris 1909. N. 1—2.
41. Ch. Lorain, Les subsistances en céréales dans le district de Chaumont de 1788 à l'an V. Tomes I—II. Chaumont 1911—1912.
42. Dutil, La circulation des grains dans l'Aude. — „La Révolution Française". Tome XLVIII, p. 233.
43. E. Levasseur, Histoire des classes ouvrières et de l'industrie en France de 1789 à 1870. 2ᵉ ed. Paris 1903.
44. E. Levasseur, Histoire du commerce de la France. Deuxième partie de 1789 à nos jours. Paris 1912.
45. A. Lichtenberger, Le socialisme et la Révolution Française. Paris 1899.
46. A. Aulard, Les orateurs de la Révolution. Vol. I—III. Paris 1882—1886.
47. A. Aulard, Etudes et leçons de la Revolution Française. 7 volumes. 1896 jusque 1915.

48. P. Boissonade, Etudes relatives à l'histoire économique de la Révolution Française. 1906.
49. Eheberg, Assignaten. Art. im „Handwörterbuch der Staatswissenschaften". 3. Aufl. Jena 1908. Bd. II.
50. Vitry, Etudes sur le régime financier de la France sous la Révolution.
51. A. Vührer, Histoire de la dette publique en France. Paris 1880. Tom I.
52. P. Caron, Tableaux de dépréciation du papier-monnaie. Introduction. Paris 1909.
53. C. Bloch, Notes sur la législation et l'administration de la monnaie et du papier-monnaie de 1789 à l'an XI. „Bulletin de la commission de recherche et de publication des documents relatifs à l'histoire économique de la Révolution." Paris 1911.
54. Ch. Schmidt, Notes sur la législation et l'administration de l'industrie de 1788 à l'an IV. — „Bulletin de la Commission etc." 1909. N. 3—4.
55. Ch. Schmidt, Notes sur la législation et l'administration du commerce de l'an 1788 à l'an IX. — „Bulletin de la Commission etc." 1912. N. 1.
56. E. Tarle, Studien zur Geschichte der Arbeiterklasse in Frankreich. Russisch. Petersburg 1908, deutsch Leipzig 1908.
57. E. Tarle, Die Arbeiterklasse in Frankreich zur Zeit der Revolution. (In russischer Sprache.) Bd. I—II. Petersburg 1908—1911.
58. Mathiez, La question sociale pendant la Révolution. „La Révolution Française." Paris. Tome 48. 1905.
59. Mathiez, Les enragés et la lutte pour le maximum. „Annales révolutionnaires". Organe de la Société des études Robespierristes. Besançon 1917, N. 4.
60. Mathiez. Les subsistances pendant la Révolution. „Annales revolutionnaires". 1917, N. 5.
61. Mathiez, La carte de viande en l'an II. „Annales révolutionnaires" 1917. N. 5.
62. Combes de Patris, L'esprit financier des Girondins. Paris 1909.
63. Fachan, Historique de la rente française et des valeurs du trésor. Paris 1904.
64. L. Levy, Les banques d'émission et trésors publics. Paris 1911.
65. H. Illig, Das Geldwesen Frankreichs zur Zeit der ersten Revolution bis zum Ende der Papiergeldwährung. Straßburg 1914.
66. M. Marion, Histoire financière de la France depuis 1715. Tome I: 1715 à 1789. Paris 1914. — Tome II: 1789 à 1792. Paris 1919. — Tome III: 1792 à 1797. Paris 1921.
67. S. A. Falkner, Das Papiergeld der französischen Revolution (1789—1797). (In russischer Sprache.) Moskau 1919.

Printed by Libri Plureos GmbH
in Hamburg, Germany